Brigitte Szabo • SINN – Schule des Lebens

Brigitte Szabo

SINN

Schule des Lebens

FOUQUÉ PUBLISHERS NEW YORK

Copyright ©2011 by Fouqué Publishers New York
Originally published as *SINN – Schule des Lebens. Kalender ·Inspiration · Meditation*
by Fouqué Literaturverlag

First American Edition
Printed on acid-free paper

Library of Congress Cataloging-in-Publication Data
Szabo, Brigitte
[SINN – Schule des Lebens. German]
1st American ed.

ISBN 978-0-578-08306-3

Inhalt

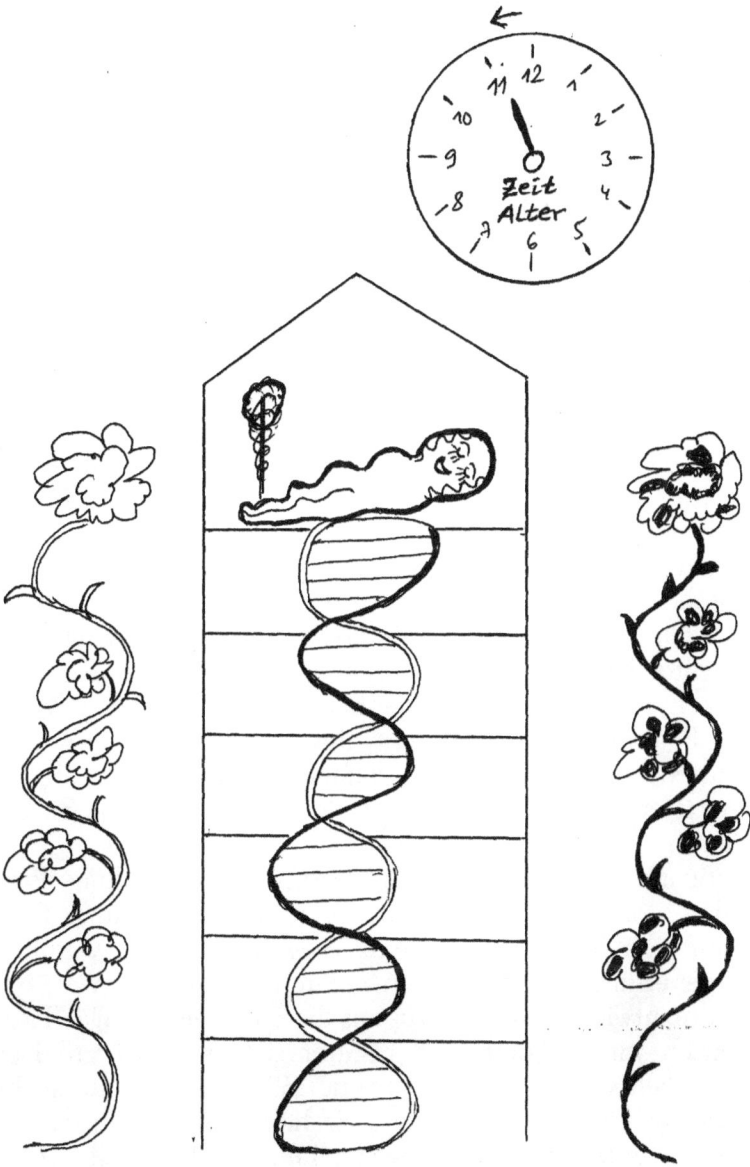

Dornröschen, Verpuppung, Spindel

Prolog

Dornröschenschlaf

Die Erde schläft. Sie ist eine im Unbewussten liegende Einheit. Regung im Inneren drückt an die Oberfläche. Die Erde bebt. Sie atmet. Licht zieht an, lockt etwas heraus aus der Erde. Feste Masse lockert sich auf zu leichteren Verbindungen. Kleinstteile werden beweglicher, leichter. Triebe erwachen, brechen heraus, wachsen. Der dunklen Erde entsteigen Pflanzen. Sie nähren sich von der Erde. Bewegliche Körper erfüllen sich mit Leben, entwickeln sich weiter.
Immer wieder sinkt das Grün in sich zusammen, um neu aufzustehen. Ein Auf und Ab, Ausdehnen und Zusammenziehen. Die Pflanzen werden stärker, vermehren sich, unterstützen und behindern sich. Körper geraten in Not. Sie entwickeln je nach Standort Eigenheiten, um zu bestehen. Manche Pflanzen bringen es fertig, ihren Standort zu verlassen. Wurzeln bekommen Beine, Samen bekommen Flügel. Instinkte erwachen. Tiere gesellen sich zu den Pflanzen. Sie ernähren sich von den Pflanzen.
Sättigungs- und Hungergefühle bestimmen den Alltag. Paarungstriebe sichern den Fortbestand, die Vermehrung. Tierarten behindern sich gegenseitig. Sieg und Schmerz. Gefühlskörper erfüllen sich mit Leben, geraten in Not.
Arten entwickeln sich heraus aus diesem Kreislauf. Der Tiermensch wird geboren und beginnt sich aufzurichten. Der entwickelte Mensch ändert seine Blickrichtung. Er sucht Auswege und Unterstützung außerhalb, über der Erde. Die Sterne werden ihm als Fingerzeige hilfreich. Das Volk unterwirft sich als Einheit dem Willen der Götter.

Kollektivschicksale bringen in Not. Das Wir-Erleben behindert eine Herausentwicklung. Ein inneres Aufbegehren führt die Ersten hin zu individuellen Denkvorgängen. Denkkörper, Mentalkörper erfüllen sich mit Leben. Das Verlieren der „Paradiesvorstellung" ist in diesem Augenblick ihr Preis der Selbsterkenntnis. Einzelne Menschen dehnen ihre Bereiche aus, beginnen für sich zu kämpfen und unterwerfen sich andere. Sie setzen sich an Stelle erdachter Götter. Das Wissen um die Gebote der Natur, die Gesetzmäßigkeiten auf der Erde, verankert in der Sternenreligion, in den sich im Himmel spiegelnden zeitlich-räumlichen Erdentsprechungen, gehen verloren. Kriege entbrennen als Auswirkung unter neuen Vorstellungen von Gesetz. Die Menschheit schreit auf, schreit nach Frieden. Das Polaritätserleben weitet sich dadurch aus. Tiefere Schmerzwahrnehmungen kontra sich steigernde Lustgefühle, Lustbedürfnisse. Die gegenseitige Abhängigkeit wird erkannt. Viele Menschen erleben Verluste der Arbeit, der Partner, der Gesundheit, der Freiheit usw. Der Schmerz sticht ins eigene Fleisch, lässt erstarren. Denken bringt in Not.

Hallo – die Erde liegt wieder im Dornröschenschlaf. Die Dornenhecken wachsen immer höher und dichter und scheinen zu erdrücken. Das ganze Land wartet auf den Prinzen, der die Schlafende wachküsst und sie von ihrem Turm herunterholt. Die Spirale hat sich eine Ebene weitergedreht. Bewusstheit kämpft bereits um das Durchdringen der Hecke. Sucht nach einer weiteren Entwicklungsebene über Rückführung, durch Rückbesinnung, Rückerinnerung, an das tragende ursprüngliche Wissen. Der Zusammenführung mit dem Prinzen hat die Not bereits Aufträge erteilt. Eine weitere Stufe der Erkenntnis bittet nun jeden Einzelnen persönlich um Einlass eines höheren, umfassenderen, integrierenden Bewusstseins.

Teil I

Dichtung,
Tor zur Wissenschaft
Tor zur Seele

12 Wunder volle Wege durch das Jahr

April
Widder (21.3.–21.4.)

Der, die, das Tor (Heraustreter)

Findig Kind.
Aus dem Weg, jetzt komme ich,
nimm den Trotz und trolle dich!
Wirbelwind.

Überleg dir, was du sprichst.
Wer hat Angst vorm schwarzen Mann?
Ich bin der, der alles kann!
Ungeschliffen geht es nicht.

Einerlei!
Zu allem gehören auf Erden zwei.
Nein!
…

Dass du es weißt, ich werde gehn!
Bitteschön.
…
…

Du?
Ja?

Mai
Stier (22.4.–21.5.)

Selbst-Schöpfer

In einem Punkt gebündeltes Licht
von der Idee besessene Wunschnatur
ersehnt, fesselt, beschwört, besticht.
Magische Leistung in höchster Bravour.

Kälte, Schauer, Frost beenden,
Geister in die Tiefe treiben,
ganz nach Plan das Blatt nun wenden,
sich das Schöne einverleiben.

Unbeirrt kann nur bestehen
durchleuchtet, klar geschauter Plan.
Weh dem, der Geister nicht heiligt,
die er dann nicht stoppen kann.

Versuchung wirft aus heitrem Blau
Verweis durch Strahl, klirrend wie Stahl,
Strenge nennt den Opferpreis,
beugt, fordert für sich die Wahl.

Übrig bleibt das Wahre, Reine,
geschützter Keim, das Weiche, Zarte,
und aufs Neue so geboren
nur das frostecht Winterharte.

Juni
Zwillinge (22.5.–21.6.)

In-Stand-bringer

Nicht mehr kalt und doch nicht heiß,
lau ist, von dem niemand weiß,
was hat denn das Sagen.

Himmelhoch und ach so krank,
festgebunden, frei und frank,
hin und her nur jagen.

Angezogen von den Höhen,
die dem Tal entgegenstehen,
Haltung, nicht verzagen.

Immer mit der Mode mit
in Kontakt sein, gleich im Schritt,
bis die Zweifel nagen.

Schrecken zeigt das zweite Ich,
Mut und Kraft verdichten sich,
stellen neue Fragen.

Kreuz zu quer, im Punkt, der Mitte
verschmelzen Weisheit und Verstand,
wächst aus einem Punkt das Dritte,
lässt ein Leuchtturm Wellen schlagen.

Juli
Krebs (22.6.–22.7.)

Rück-Stand-Halter

Warmer Erde, weiche Haut.
Ihrem Neste anvertraut.
Wurzel stark vom Regen
hebt empor zum Segen.

Nicht in einem – Stück für Stück.
Stetig durch den Stamm zurück,
Quell gebiert die Gaben,
die das Wachsen tragen.

Mit dem Wesen aller Dinge
vertraut, behütet auf der Schwinge,
Entwicklung hin zur Menschgestalt,
mit den Insignien der Gewalt,

die Liebe fordern aus den Tiefen,
die einzig Wahrheiten verbriefen,
die dieser Erden-Wesenheit
bewusst, in All-Verbundenheit,
darbringen, das die Seelen riefen.

Durch Entfernung Schritt für Schritt
scheint die Nabelschnur entzweit,
und doch gehn die Gefühle mit,
verschmelzen neu, mit dem sie liefen.

August
Löwe (23.7.–22.8.)

Schattenkämpfer

Großzügig Lichtspiele Feuer entfachen,
lassen im Frohsinn überschäumen,
alle dem Edlen das Felde räumen,
Sinnen nur Milch noch und Honig lachen.

Glanz trägt hoch zu Visionen
kraft der zündenden Magie.
Glaube reift da, von Genie.
Vergänglichkeit lässt Illusionen.

Lichtschwund kehrt den Sonnentanz.
Wehe dem, der schuldig ward,
raubte auf gemeine Art
des verkannten Helden Glanz.

Man wird schmerzlich unterbinden,
Pöbel vor ihm niedersinken
und ihn niemals wieder linken.
Zürnt und kann ihn doch nicht finden.

Ohnmacht so die Macht verflucht.
Einsamkeit bringt Herzeleid,
hält zum Einstieg neu bereit,
sich und was da Wärme sucht.

Glücksgefühl wieder erwacht,
nach dem finstren Wolkentor
hebt der Spiegel den hervor,
den das Feuer neu entfacht.

September
Jungfrau (23.8.–22.9.)

Energieerspürer

Hinrufung zum Einsatzort,
Seelenwurf zum Pol hinaus,
Kompass richtet stetig aus
auf das ewig wahre Wort.

Welt gleicht ein unweigerlich,
Rückschlag zielt auf Innenschau.
Öffnung frischt wie Morgentau.
Draußen – Drinnen richten sich.

Passivdroge bald berauscht,
wo aktiver Tritt nicht greift.
Bewegung mangels Sinn versteift.
Fülle – Leere sich vertauscht.

Kann mir nicht zu Diensten sein,
dem ich nicht zu Diensten bin.
Tun richtet erst aus dahin,
schmilzt härtenden Widersinn.

Reifen fordert die Geduld,
diesen Weg nimmt die Natur,
sind wir auch ein Teil da nur,
klart doch das Problem der Schuld,

nicht nach Vorbild einzuschwingen,
hingebend in den Lauf zu treten.
Ständig werden wir gebeten,
Talente, Früchte, darzubringen.

Oktober
Waage (23.9.–23.10.)

Standes – richter

Um den Ausgleich liebend ringen.
Einsatz für den süßen Wein,
akzeptiert die eigne Pein,
wird ihn nicht schließlich bedingen.

Unterworfen baren Launen,
ungestümer Fremdnatur.
Abhängigen Herrscher nur,
mag Ungleichgewicht erstaunen.

Diesen Miss-Stand zu ergründen,
zwingt, zu sehn das weite Feld,
bis er lässt, gereift, den Held,
ungeschminkte Wahrheit finden.

Erstarkt zum Mut, auf Messers Schneide,
wissend, weise – kommt zum Segen,
erst Gerechtigkeit entgegen –
vermittet eine Strömung beide.

November
Skorpion (24.10.–22.11.)

Gegen-Spiel-Er

Was bleibt,
wenn alle Blätter fallen;
im Außen, Oben, Eben,
verödet alles Leben,
fliehend den Sinnen allen.

Was bleibt,
wenn sich die Erde auftut,
die Kräfte niedersinken,
in einem Meer ertrinken,
erwartet von der Glut.

Die tiefen heißen Feuer,
die unbeirrt verbrennen,
das, was wir Leben nennen.
Gefräßig Ungeheuer,

zermahlt zurück zu Sand.
Ein stilles blankes Korn.
Es bleibt – geglaubt durch Zorn –
ein echter Diamant.

Verlassen von dem Dunklen,
erfasst von Himmelsstrahlen,
dringt aus verwundnen Qualen
ein unbändiges Funkeln.

Dezember
Schütze (23.11.–21.12.)

Inselspringer

Licht zieht einwärts.
Dunkler Raum
nun erwacht
aus der Nacht,
wird zum Schaun.

Alltag mürbe,
Außen weicht.
Liegt zu fern,
diesem Stern,
dünkt so seicht.

Raum wird höher,
heller Geist,
der Flamme Licht,
es durchsticht.
Vorhang reißt.

Wahrheit wandelt.
Alte Erde,
ist das Pfand
in neues Land,
hoch zu Pferde.

Januar
Steinbock (22.12.–20.1.)   Weih-Nacht

Zeitreisender

Reifüberzogen, Ringe auf Ringe,
schließen sich fester um atmende Erde.
Rückzug des Lebens, auf dass ihm gelinge,
Selbsterhalt, einsam, weitab von der Herde.

Mitgefühl, wer denkt, es kommt jetzt abhanden,
hat die Saturnzeit nicht wirklich verstanden.
Sinn macht: Verpflichtet die Arten zu richten,
sicher sie in einem Schoß zu verdichten.

Sucht, so lang klärende Winde noch wüten,
still alles in einer Arche zu hüten,
wo Freund und Feinde, um zu überleben,
friedlich, weil weise, nach Einheit jetzt streben.

Konzentration führt zum tieferen Schauen.
Auf diesen Felsen kann Fortbestand bauen.
Außenwelt bleibt nur so lange gestört,
wie diese Taube zum Schutz wiederkehrt.

Weh dem, den Zweifel und Schmerz so verdrießt,
Kommenden leugnet, sein Herz ihm verschließt,
wird nicht als Echo der Herrlichkeit hallen,
wenn die Posaunen aufs Neue erschallen.

Fortjagen werden die nagenden Qualen
die ersten wärmenden sonnigen Strahlen,
rettende Kraft, die unendliche Güte,
Lohn einer grenzüberschreitenden Liebe.

24

Neugeburt hinter geschlossener Wand,
ihr werden Zeichen und Wunder geschehen.
Wissend, ein Zeit-Geist, mit dem Uhren gehen.
Wahrhaftig, König, ein Rein-Diamant.

Februar
Wassermann (21.1.–18.2.)

Wellenreiter

Vereiste, vergeistigte strenge Luft
durchbricht die starre Formenwelt,
rüttelt wach, Kruste reißt im Feld,
im Windlied hell die Sehnsucht ruft.

Vision von neuer Wirklichkeit.
Solang nicht kalte Fröste weichen
die unerträglich harten Zeichen,
zeigt sich die Erde nicht bereit.

Streichle, laue weiche Böe,
wenn nur spitze Pfeile stechen,
wird auch der Visionär zerbrechen
und bleibt allein in seiner Höhe.

Gespiegelt von dem Widerhall,
sich die Wurzeln selbst entzogen
hätt' er selber sich betrogen,
blieb' ihm Humor im Karneval.

Technik – Idee, Erfindergeist.
Wie kann man Himmel – Erde binden
und sich dazwischen wieder finden?
Als Reiter, der auf Wellen reist,

die durch den Ätherleib pulsieren,
wie Blutstrom zwischen Kopf und Bauch,
um Ideal, erquickend Hauch,
ständig herab zu transformieren.

März
Fische (19.2.–20.3.)

Alchemist

Türe
zwischen Winter und Sommer
Pforte
zwischen Starre und Bewegung
Schwelle
zwischen Tod und Leben
Vorhang
zwischen Dunkel und Licht
Tor
zwischen Unendlichkeit und Endlichkeit

Mittler
zwischen den Welten
Gongschlag
zwischen den Zeiten
Erscheinung
zwischen den Räumen
Halt
zwischen den Ebenen
Lichtfaden
zwischen den Polen

Geist
ständiger Bewusstheit
Sender
permanenter Schwingung
Hauch
ewigen Lebens
Transformator

wiederbringenden Lichts
Quelle
allgegenwärtiger Kraft

sich verlieren
um zu werden
gehen
um zu kommen
sich übergeben
dem Träger des reinigenden Willens
aufgenommen
von der Zentrifuge
die das Samenkorn
wieder auswirft

Teil II

Es muss nicht jed' und alles
sofort verstanden sein
erfasst vom Sog, in äußre Kreise
reiht es, so Zeit, von selbst sich ein

Aufschlüsselnder Einstieg

in Geheimnisse

des Lebens

oder

hinführende Detailarbeit

zur Erschließung eines

wertvollen wunderbaren

himmlischen Raumes

über uns

und in uns.

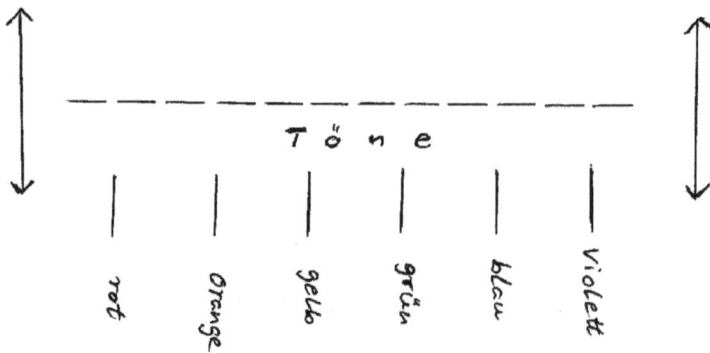

Töne

rot   Orange   gelb   grün   blau   violett

Zerlegung weißen Sonnenlichts in farbiges Licht
= regenbogenfarbenes Lichtband
= Farbkreis

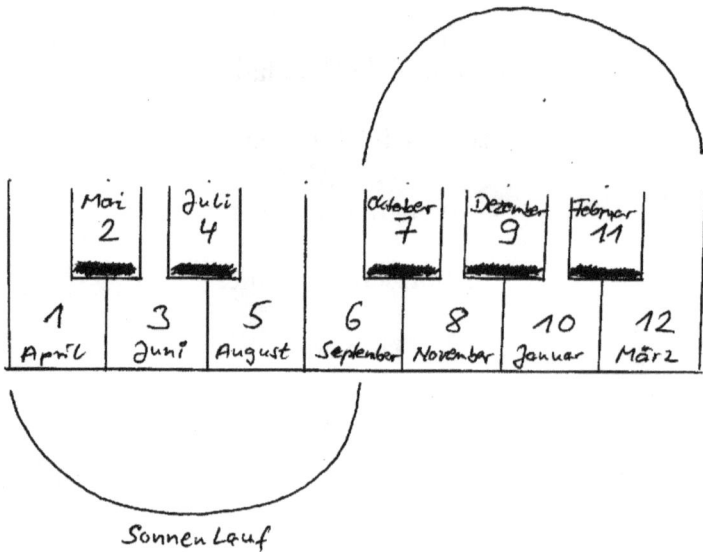

| | Mai 2 | Juli 4 | | Oktober 7 | Dezember 9 | Februar 11 | |
|1 April|3 Juni|5 August|6 September|8 November|10 Januar|12 März|

Sonnen Lauf

Licht = Ton
Tastenband Beispiel Klavier

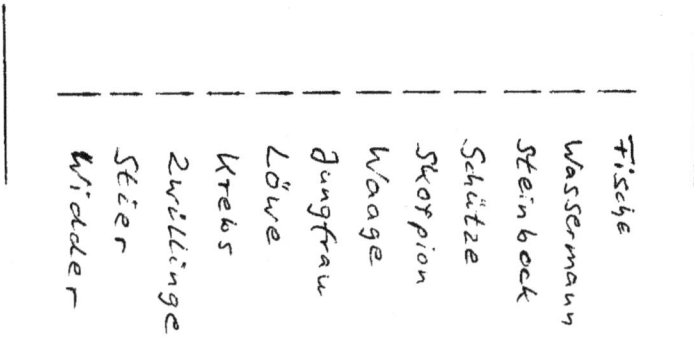

Fische — Wassermann — Steinbock — Schütze — Skorpion — Waage — Jungfrau — Löwe — Krebs — Zwillinge — Stier — Widder

Farbkreis (Regenbogenband)
= Tonkreis (Tonleiter)
= Tierkreis (Monatsdurchlauf)

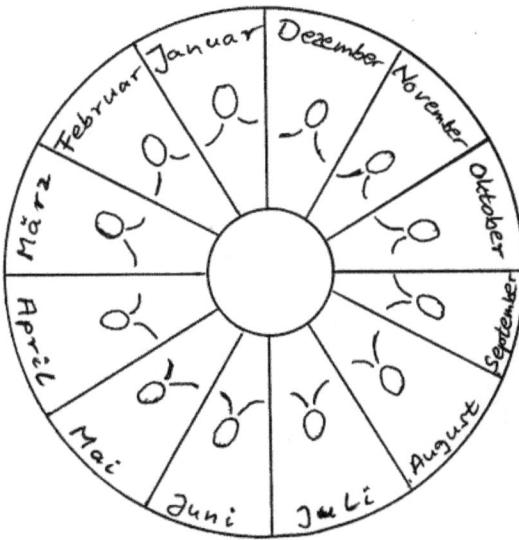

Farbkreis, Prisma
Lauf mit der Sonne in einem Kreis durch das Jahr

35

Das Persönliche

führt zur Sache,

das Sachliche aber

schält die Persönlichkeit heraus.

Erwachen – Offenbarung im Farbkreis, Tierkreis, einem von der Sonne beleuchteten Himmelsabschnitt

Wenn vom Mystischen der Schleier fällt, wenn Geistiges greifbar wird, eine beweisbare Form annimmt, in ihr erkennbar wird, kommt das Ursprüngliche, das Kindliche, Einfache zum Vorschein, wird es offenbar.

April – Widder (21.3.–21.4.)
Dazu wage ich den Einstieg, den Durchstoß. Durchsetzungskräfte erwachen. Orientierungs- und Einbindungsforderungen zünden den Denkmotor.

Mai – Stier (22.4.–21.5.)
Wenn Licht in eine Sache, ins Dunkel, in mich kommt, wird alles klarer, heller, und stärkt mich.

Juni – Zwillinge (22.5.–21.6.)
Nun erkenne ich auch eine andere Seite in mir, in meiner Natur. Mit dem Verstehen und Akzeptieren kann ich den Widerspruch auflösen und durch die treibenden Kräfte wachsen und erblühen. Ich werde eins mit mir.

Juli – Krebs (22.6.–22.7.)
Ich dehne nun meine Fühler, meine Gefühle auf mein Umfeld aus, in dem ich lebe. Nahe Verbindungen entstehen.

August – Löwe (23.7.–22.8.)
Das Sonnenfeuer zieht mich an. Ich muss größer werden als die anderen, sonst beschatten sie mich. Wenn ich weiteres Revier erobere, drücke ich andere weg, und andere drücken gegen mich. Mir wird klar, sie tun es mir gleich. Mich verletzt an ihnen das, was ich selbst tue.

September – Jungfrau (23.8.–22.9.)

Meine Aufgabe erkenne ich darin, mich einzugliedern, eine Lücke zu finden, um heil zu erwachsen. Denn in dem Ganzen bin ich das Große und das Kleine, das mütterlich mit meinen Zweigen, meinen Händen Schützende und das durch andere behütete Kind, gebunden an den Himmel und die Erde, ein Wesen aus Geist und Substanz.

Oktober – Waage (23.9.–23.10.)

Jeweils zwischen diesen beiden Kraftpolen ist der Weg der Mitte. Hier habe ich meine optimale harmonische Ausdehnung erreicht. Nun nehme ich mich erst vollkommen unter den anderen wahr. Aus dieser Perspektive, auf dieser Achse verweilend ändert sich für mich plötzlich die Blickrichtung, öffnet und weitet sich der Horizont.

November – Skorpion (24.10.–22.11.)

Der Blick hin zu mir, die Richtung des zu gehenden Weges ändert sich aus dieser Einsicht. Auftauchende Gegenkräfte stellen sich mir in den bisherigen Weg. Bin ich bereit, in mich zu gehen, die Richtung zu ändern, gewinne ich frei werdende Kräfte durch diesen Sieg über mich selbst.

Dezember – Schütze (23.11.–21.12.)

Immer wieder öffnet sich das Dickicht ein Stück, zieht sich aus dem zugewachsenen Raum zurück, um wieder Licht hereinzulassen. Das Helle, Freie spornt mich an, belebt mich neu. Dieses Erleben treibt mich nun immer wieder optimistisch und zielstrebig ein Stück weiter, in sich öffnendes lichterfülltes Neuland der sonnenbetankten Erde.

Januar – Steinbock (22.12.–20.1.)

Das durch Anstrengung erreichte, gefundene, das Leben zur Blüte bringende Wissen nehme ich als Licht mit in mich hinein. Erfüllt davon trage ich in mir verdichtet, konzentriert, den Weg-Weiser, das Gesetzbuch des Lebens. Diese Weisheit bringe ich wieder auf die Erde. Mineral-, Pflanzen-, Tier- und Menschenreich sind darin so untrennbar als Einheit miteinander verbunden wie die Elemente Erde, Wasser, Feuer und Luft in uns; unterstellt dem Ewigen, dem umspannenden Reich des Himmels; belebt von den „herunter"-kommenden reflektierenden Strahlen unserer Sonne; schwimmend im Nest der Atmosphäre.

Februar – Wassermann (21.1.–18.2.)
Zum Wasser des Lebens bin ich geworden, zum Informationsträger des neuen Geistes, um zu verändern zu einem neuen Bewusstsein, zu einem Aufwachen aus alten hemmenden Mustern, zu einem neuen Erwachen, für ein zukünftig besseres Gelingen, notwendiger Mutation, zum Wohle aller, durch Sicherung des Erbgutes.

März – Fische (19.2.–20.3.)
Vor langer Zeit bin ich ausgezogen, um anzukommen. In mir verbinden sich Anfang und Ende und damit die Übergangswelt Ende und Anfang. Indem ich zurückkehre, erlebe ich inmitten des stürmischen Umfelds, im „Auge" des Wirbelsturms, vollkommene Ruhe, Freiheit und Einheit. Sterben trägt ohne Zutun zur Neugeburt, in die Öffnung, die Offenbarung, den göttlich-kindlichen reinen Ursprung, die Seeligkeit, die Seeleneinheit.

Bilderbuch – Lesebuch
Symbol und Sprache durch das Leben/Jahr
Gesetze der Liebe

♈	Kernspaltung, Aufbruch, Teilung der Einheit, Öffnung • Ich-Suche (Kopf-Bewusstsein)	**Widder**
♉	Einfüllen, Anreicherung, alle Art von Nahrung beschaffen, Schutzpolster, Sicherheiten, Substanz, Talente zulegen, Festung bauen • sich einverleiben (Hals-Bewusstsein)	**Stier**
♊	Nach oben und unten wachsen, außen kontra innen, Dualitätserfahrung, auseinander bewegen, von A nach B • auseinander-, weiter entwickeln, in verschiedene Richtungen streben (Schulter-/Arme-Bewusstsein)	**Zwillinge**
♋	Zirkulation auf und ab verbinden, vorwärts und rückwärts, Bindung fürs Leben eingehen, gegenseitiges Ansaugen, Zuwendung • für einander (Brust-/Magen-Bewusstsein)	**Krebs**
♌	Entfaltung, Aufblühen, Aufblähen, Überdecken, Schutzwall bauen • um sich versammeln, Selbst-Vermehrung/Weitung (Brustkorb-Bewusstsein)	**Löwe**
♍	Beschützen, Behüten, Bewahren, Ummanteln, Umsorgen, Frucht bilden • behüten/versorgen + versorgen lassen (Bauchbewusstsein)	**Jungfrau**

♎	Ausgleichen, Vermittlung, Achse, Balance, Haltung zeigen, • vermitteln, Kompromiss schließen (Hüft-Bewusstsein)	**Waage**
♏	Umkehr, Richtungswechsel, Stachel, Giftstachel, Gegenmittel, Widerhaken, Gegendruck, Gegeneinander, Ausweg, ablassen, loslassen • gegeneinander zur Reinigung, zur Ausscheidung (Gesäß-Bewusstsein)	**Skorpion**
♐	Richtungsweiser, vorwärts treiben, suchen, Pfeilrichtung, vorschnellen, Zielrichtung, Entfernung, Weitung • nachjagen (Oberschenkel-Bewusstsein)	**Schütze**

♑	Eingesammeltes Aufgenommenes versenken, Konservierung, Konzentration, Verdichtung, Verschließung, zusammenhalten • Alleingang, abkapseln (Knie-Bewusstsein)	**Steinbock**
♒	Gleichheit, Gleichschwingung, Puls, Rhythmus • nebeneinander (Unterschenkel-Bewusstsein)	**Wasser-mann**
♓	Übergang, Verbindung Ende und Anfang, Auflösung und Neubeginn, zwischen zwei Welten • abhängig (verbinden) durch Loslassen (Füße-Bewusstsein)	**Fische**

Symbolsprache

Es ist möglich, auch die Zeit in Symbolen zu erfassen. Die Erkenntnis von Körper/Form/Raum + Zeit ermöglichte eine Ausdrucksmöglichkeit und Vermittlung in dieser einfachen Grundsprache. Symbole ermöglichen es also dem Menschen, einfache Sätze zu formen. Sie ermöglichen es, Vorgänge und Veränderungen innerhalb der Formenwelt aufzuschreiben bzw. zu malen. Man könnte auch sagen, lebende Menschen formen Lebendes. Man könnte weiter entdecken das Anwenden mathematischer Formeln in seinen Grundzügen. Ganz verschiedene (Lern-)Programme bündeln sich so gesehen in Symbolen und enthalten doch alles Grundsätzliche. Das Wissen, die Information darüber, liegt in der Form bzw. im Körper selbst. Zugang zum Körperbewusstsein, zum Körper – Ich wird ermöglicht durch (Hinein-)Spüren, Innenwendung, Wahrnehmung (Herausspüren), Intuition.

Symboltabelle
Tierkreiszeichen, Himmelsabschnitte (12)

♈	Widder
♉	Stier
♊	Zwillinge
♋	Krebs
♌	Löwe
♍	Jungfrau
♎	Waage
♏	Skorpion
♐	Schütze
♑	Steinbock
♒	Wassermann
♓	Fische

Planeten, Herrscher am Himmel

☉	Sonne
☽	Mond
☿	Merkur
♀	Venus
♂	Mars
♃	Jupiter
♄	Saturn
♅	Uranus
♆	Neptun
♇	Pluto
(♁	Erde
♀	Vulkan)

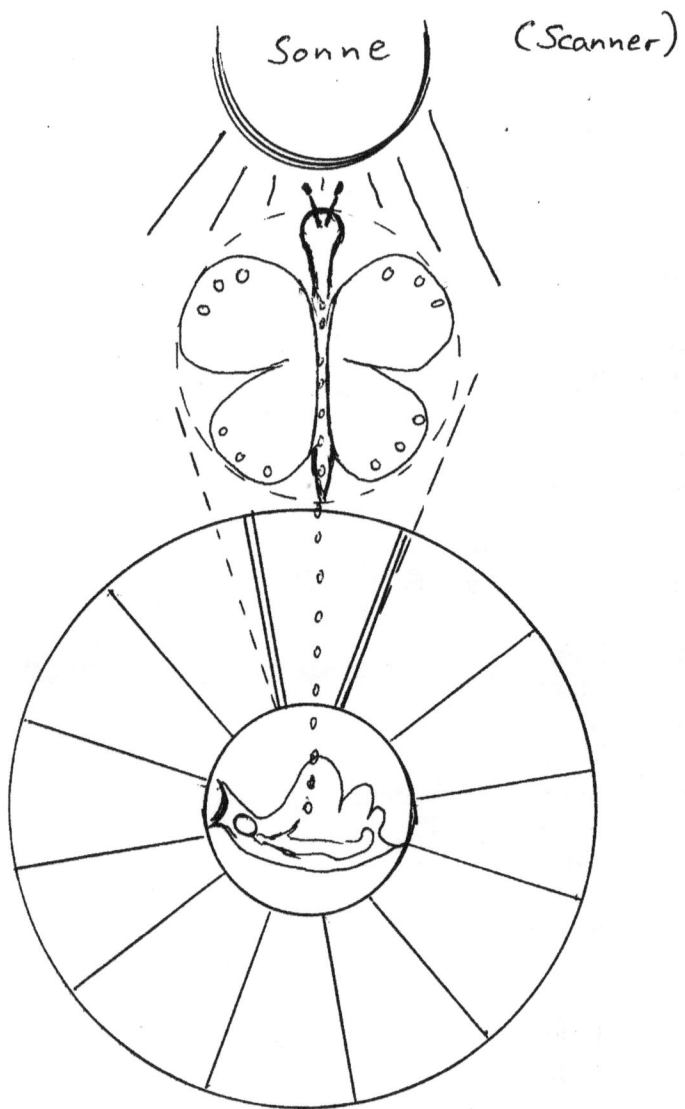

Sonne   (Scanner)

Sonne = Scanner

Von der Raupe zum Schmetterling
Untertitel: Die Zeit

Ein in mir, im Innen ruhendes Bild einer Veränderung (siehe Symbol) erfüllt sich durch mein Leben, wird durch mich lebendig. Ich setze eine Vorstellung oder ein Wissen um ein sich veränderndes Bild in Bewegung. Ein Muster schwingt über, wird Fleisch und Blut. Ein Symbol verwirklicht sich entsprechend der individuellen Möglichkeiten und Färbung (der Bodenbeschaffenheit und Lichteinflüsse = Erbgut und Umweltbedingungen). Gedachtes bekommt eine irdische Form, die sich sichtbar verändert, in Abschnitte gestaffelt.

Für einen gleichzeitigen Bildablauf (Veränderungsprozess) mit der Geschwindigkeit eines Gedankenablaufs ist der irdische Körper (Trägheitsprinzip) in seinem derzeitigen Entwicklungszustand nicht ausgelegt. Er würde es nicht überstehen. Auch unsere Wahrnehmungsfähigkeit ist derzeit nicht imstande, einen zu schnellen Bildablauf aufzunehmen. Ein Erkennungsprozess, ein Lernprozess kann dann nicht stattfinden. Eine lebenserhaltende Reaktionsdichte ist dafür nicht gegeben. Unfälle sind z. B. Folgen.

Im Traum können z. B. innere Bild-ab-spul-Folgen, in einem viel schnelleren Ablauf (Zeitraffer) aufgenommen werden. Dabei lebt man allerdings die körperliche Veränderung nach unseren Maßstäben vom Erleben nicht wirklich.

Ein zeitverzögertes umfassendes Erkennen kann sich derart in die Länge ziehen, dass Entwicklungen zu spät erkannt werden. Die begrenzte Aufnahmefähigkeit des Gehirns verhindert auf diese Weise eine im Nachhinein gewollte eigene rechtzeitige Korrektur. „Vorherbestimmtes" Schicksal schlägt so voll durch. Abschwächungen oder Veränderungen durch den Einsatz eigener Bildablaufvorstellungen kommen bestenfalls zu spät. So wurden z. B. erst Generationen später Entwicklungen erkannt, deren Auswirkungen während des Erlebens nicht erkennbar und damit nicht schicksalbefreiend genutzt werden konnten.

Eine wachsende Wachheit, eine schnellere Aufnahmefähigkeit schafft heute schon, wenn auch noch sehr begrenzt, Möglichkeiten bewusster eigenverantwortlicher Beeinflussung der Entwicklungen, oder sie kann schnellere Entwicklungen zulassen. Man will damit einhergehend, „sofort" haben. Das Hauptaugenmerk liegt nicht mehr auf ausgedehntem Leben. Die Folge: Immer weniger gedehnte, sprich dem Leben überlassene, sprich gelebte Zeit. Unsere Zeit schrumpft.

Analog entspricht das einem beobachteten schnelleren Planetendurchlauf durch einen gleich großen Himmelsabschnitt. Bei laufenden weniger gedehnten, weniger ausgebeulten Bildern scheint alles schneller zu vergehen. Halt, Sicherheiten haben somit weniger Bestand, feste Werte verlieren sich rascher und ziehen uns mit der Bildveränderung ungewohnt schneller und dadurch aufrüttelnd weiter.

Es liegt aber auch durch unseren möglichen Anteil an eigenverantwortlicher Gestaltung immer mehr in unserer Hand, ein laufendes Bild anzuhalten oder die Geschwindigkeit des Ablaufes zu drosseln, um z. B. mehr vom Leben, von der Zeit zu haben. In der Praxis z. B. genutzt durch eine innere Sperrung gegen anstehende (eigene) Weiterentwicklung oder durch ein Beharren auf den Verbleib in einer Genussphase. Das Festhalten gelingt jedoch nur begrenzt. Der Zug, das Anziehen einer vorgesehenen Bildabfolge erhöht sich dadurch. Anspannung, Spannung, wächst. Verhinderter Fluss entgleitet, mitunter sehr plötzlich, wieder der eigenen Hand. Ein umso schnellerer nicht mehr haltbarer Bildablauf findet statt. Wie bei einem überspannten Bogen kann der Bogen, ein Körper, dadurch zerbrechen. Das Reaktionsvermögen kann ggf. der Geschwindigkeit nun nicht mehr folgen. Der zeit-räumliche Lebenswert, im Überlebensfall der folgende erlebbare Wert, kann auf null sinken, zur Bewusstlosigkeit führen, zu einem nicht wahr genommenen Leben, oder einem in Zeitlosigkeit? Ein eigenverantwortlicher Einspruch wird zumindest wieder voll entzogen. Das „Schicksal" oder ein „Höheres" übernimmt und bestimmt wieder uneingeschränkt.

Ist eine Zeit-Bild-Reise beendet oder auch noch nicht, und der Körper ist verbraucht, die Aufnahmefähigkeit ermüdet, stirbt der alte Körper ab. Im Zeitraffer läuft das in diesem (Körper-)Leben erlebte, diese Bild-Veränderungs-Folge, nun innerhalb kürzester Zeit rückwärts wieder an uns vorbei, spult sich zurück und fährt damit das gebündelte Erfahrene (Wissen) ein in einen innersten Kern, speichert, lagert es dort ab. Ein noch aufnahmefähiger flexibler Körper durch evtl. einen aufmerksamen innewohnenden Geist kann, solange es die Zellen erlauben, mit einem neuen „Symbol" eine neue Entwicklung beginnen, wenn der Wille, Impuls, dazu vorhanden ist.

Je nachdem, wie viele Bilderleben sich aneinander reihen vor der Körpererneuerung durch Absterben und Wiedererwachsen, trifft man Analogien in Zeit so wie im Raum/Körper sowohl in der Pflanzen- als auch in der Tierwelt. Ein Spektrum reicht z. B. von einjährigen Sommerpflanzen über zweijährige Stauden hin zu vieljährigen und zu ur-alten Bäumen. In der Tierwelt finden wir Eintagsfliegen bis hin zu Lebewesen, die erforscht seit Ur-zeiten auf der Erde existieren.

An der Spitze der Schöpfung steht der Mensch, der alle Entwicklungsstufen zur Verfügung hat, bei gleichzeitiger Erringung einer eigenen Eingriffsmöglichkeit. Einhergeht damit steigende Eigenverantwortung für seinen Lebensbereich und damit für die ganze Erde in ihrer Gesamteinheit.

Mit unserer Geburt werden wir (immer wieder) hinein geboren, mitten in ein bereits bestehendes Raum-Zeit-Verhältnis (Horoskop = persönliches Symbol), das einen Fortgang und doch nun erlebten neuen Anfang nimmt, unter neuen Umweltbedingungen, in frischen unbelasteten Körperzellen, einem freien Speicher. Altes ist abgerutscht, konzentriert ins

Unbewusste gefallen, hat sich mehr verdichtet und wartet verschlossen auf eine Öffnung zu gegebener Zeit, nämlich dann, wenn bewusstere leichtere Anteile, (man könnte auch sagen feinstofflichere Wesenheiten oder Entwicklungen oder Vergeistigungen) einen Zugangsschlüssel, einen Code zu diesem Gespeicherten (Wissen) gefunden haben. Dann dienen diese scheinbar festgefahrenen Bereiche, Verkapselungen verschiedener durchlebter Abspeicherungen, diese schlafenden Bären, tiefen unbewussten Anteile, als unterstützende Energieträger, (bisher Energie verschlingende Blockaden,) als Reservoir, als Quelle, als Nahrung, als Substanz, als Weisheitsspeicher allem (wieder) Benötigten. Ständiges Anzapfen unterstützt den Lebenskreislauf.

Neue Startbedingungen durch Neugeburt, Wiedergeburt, Folgegeburt eröffnen also eine neue Qualität von Bild-Ablauf-Möglichkeiten, neue Integrationsmöglichkeiten, eine neue Bewusstseinsbildung, eine neue Einsicht in unsere Welt. Immer weiter, immer wieder kann so Belastendes zurückgelassen, ausgesondert, abgebaut werden, um sich den äußeren kosmischen Entwicklungen in Raum und Zeit anzupassen, um darin zu überleben. Der bewusst oder unbewusst geschaute Plan zieht Handlungen, Veränderungen nach sich, vielfältig, endlos, ohne Zahl. Im Einklang mit Erkanntem, im und für das Ganze zu leben, ermöglicht, drängt förmlich zu einer positiven gesunden heilenden Haltung als tief verstanden einzig befreiendem Weg.

Aktuell, das Streben nach ewiger Jugend, alles sofort haben wollen, sich von Belastendem, Bindungen, Verbindungen schnell zu trennen: All dem haftet der Ruch von oberflächlichem Leben an. Trotzdem lässt sich darin eine tiefe Triebwurzel einer anderen Wahrheit entdecken. Eine Alternative zur ständigen Erneuerung des Körpers durch vollständiges Absterben wäre die Entwicklung der Fähigkeit, das Bewusstsein für den Körper vollständig zu öffnen und offen zu halten für das „All" der Möglichkeiten. Alles, alle Energie, könnte so in jedem Augenblick, wie benötigt, austauschend fließen. Alles könnte sich in jedem Augenblick für unseren Bedarf materialisieren, eine Form, einen Körper annehmen.

Einblicke in natürliche treibende Kräfte als Ursache oft unverstandenen Handelns geben Unverständlichem ein (neues) Gesicht. Die tatsächlich eingrenzenden, begrenzenden, fixierten Vorstellungen des Ego können nun sterben und den Weg freigeben für ständig einfließende Informationen durch einen geöffneten „Draht nach oben". Der Weg eines Geheimnisses ewigen Lebens.

Werdegang Mensch / Symbolische Analogien in einem Horoskop

Bewusstseinsfunke (Lebensfunke) hat sich angedockt, angehängt, an einen Körper, eine Erbgutmischung (Tierkreiszeichen), die einer Weiterentwicklung (Zeitfaktor) bzw. Veränderung (= Leben) ausgesetzt ist. Vorhandenes Bewusstsein verändert sich durch neue Einflüsse.

Die Anreizung zur Veränderung erfolgt von außen durch eine anders geartete Umwelt, durch Erziehung (Häuser). Diskrepanzen erzeugen z. B. Spannung, Hemmung, Gegenkräfte, fordern Anstrengung oder unterstützen, bereichern, übersättigen oder zwingen zu mehr Sensibilität, zu neuen Denkanstößen.

Mit einer bestimmten inneren Motivation (Aspekte) drängen „Bewusstseinskerne" (aus Verkapselungen) gleichlaufend zu Wandlungs- bzw. Erkenntnisprozessen, drängen als „Leben"s-Auftrag zum Licht, wollen sich öffnen. Stärker als ererbtes oder anerzogenes menschliches Wollen schlägt dieser stärkere, tiefer sitzende Wille durch, untergräbt unsere Möglichkeiten der Selbstbestimmung, des agierenden Darüber, des Ererbten und Anerzogenen. Gleichwohl kommen durch dieses Außer-Kraftsetzen eigener „Scheuklappensicht" ewig währende, verschüttete Wahrheiten (wieder) hervor, die Durchlebtes und Verkrustetes wie Samenkapseln aufbrechen lassen, um es zu wandeln, neu geartet wachsen zu lassen. Unserem sehr eingegrenzten Bewusstsein erscheint das Kommende neu. Trotzdem ist es ein Teil, eine Ansicht, des/unseren Ganzen. Für jeden sich öffnenden Bewusstseinskern, Erkenntniskern (Baum der Erkenntnis), bleibt, fällt ein Stück Leben, gehabtes Paradies, (mit) zurück, verschließt sich in der Dunkelheit des Vergessens, in einem sich (wieder) schließenden Kern, um zu „seiner Zeit" wieder (aus/in einem neuen Erdkörper) als Saat/ Information hervorzukommen.

Beispiel

gesammelte
Informationen
Schöpfungs - "Absicht"

Bewusstseinskerne
innen wie außen

Ich-Kern

eigene
Einstellung   Erziehung
Erbgut   Umfeld
            irdisch

Umwelt überirdisch
Himmel
Momentaufnahme
Geburt

Der Mensch als Resonanzfeld, Abbild der Schöpfung

Wie der Mond, als „Vor-(uns)-Bild", sind auch die Pflanzen, die Tiere, sind wir Menschen, die wir uns auf, über, um die Erde bewegen, Kinder dieser Erde. Die Ur-Menschen erkannten noch alles in diesem „überirdischen Meer" als energiebetankte Wesen von Lebendigkeit durchwirkt.

Wie der Mond das Sonnenlicht spiegelt, wirft auch der Mensch Aufgenommenes „energiefreudig" zurück, drückt es aus in seinem Wirken: körperlich, gefühlsmäßig, mental, im Spiel, in der Kunst, in der Arbeit.

Je stärker eine Einprägung stattfindet, desto voller, gewichtiger, auch massiver, gewaltiger die (sichtbare) Resonanz, die von ihm ausgeht, wobei zwischen gut und schlecht zunächst keine Unterscheidung stattfindet. Subjektiv „erscheint" es ungefiltert – gemeint ist ohne soziale, ethische, moralische Komponente – der jeweiligen Person als richtig, dieses Aufgenommene, energetische Geladene, unverarbeitet zurückzustrahlen, d. h. offen oder verdeckt (nachts oder tags) weiterzugeben. Je mehr diese Energie außerdem mit Idealbildern, z. B. der Liebe, oder Machtansprüchen gekoppelt wird, desto mehr verfügt sie, potenziert, über eine Kraft der Legitimation. Ganze Völker können so in einen Sog solcher „stark ausstrahlender" Menschen geraten in der Annahme, Kämpfer für das Recht zu sein. Erst der im reifenden Menschen entwickelte Grad übernommener Selbstverantwortung für Aufnahme und Wiedergabe wandelt solche Kräfte zum Wohle der Menschheit, setzt sie durch Erkenntnis anders ein.

Als Kind unseres Sonnensystems mit seinen Planeten umkörpert, ver-körpert der Mensch dasselbe System in sich, d. h. er hat alle diese „Körper" dieses Himmels analog als Werkzeuge, als Resonanzfelder inne. Er ist Abbild der Schöpfung. Die den Planeten zugeordneten Qualitäten entsprechen einfach diesen ihm zur Verfügung stehenden Werkzeugen, Sinnen, Sensoren, oder umgekehrt. Diese „lebendigen" Schwingungskräfte durchweben ihn individuell. Nur Teile erlebt er in sich bewusst. Die Komplexität der Differenziertheit gleich den ständigen Veränderungen der Planetenpositionen am Himmel sowohl als solche als auch zueinander, lässt uns die Größe, die Fülle der individuellen Möglichkeiten mit unserem stark eingrenzenden anerzogenen Schulwissen vermutlich nicht einmal erahnen.

Greifbar ist für uns, wie der für uns zunächst einfach greifbare Planet Erde, nur unser irdischer Körper. Trotzdem erleben wir in uns das Wirken anderer Körper, wie z. B. des Denk-/Mentalkörpers oder des Gefühlskörpers als Teile unserer Persönlichkeit, die wir lernen können, bewusst zu handhaben da, wo wir sie verstanden haben. Einschränkungen, von außen oder innen kommend, rufen die verschiedenen Körper (Planeten) bzw. „Werkzeuge" in uns auf den Plan. Sie drücken sich, wie Planeten einem Antrieb folgend, aus auf der festen Körperebene, der Gefühlsebene oder der Mentalebene. Bei Unterdrückung des Ausdrucks, beim Festhalten (stabil halten?) lagern sie entsprechende unterdrückte Energien (Abläufe) rotierend einschneidend, durchdrehend, Beschwerden verursachend, auf Schwachstellen bzw. am Ort ihres Sitzes, entsprechend in unserem Körpersystem, ab.

Bewusstmachung und Finden der optimalen Lösungen sind oft sehr große Aufgaben auf dem Weg zu einer Persönlichkeit, die alle (ihre) Teile zu einem schwingenden Einklang, mit sich und der Welt, führen kann.

Ein gleicher anstehender Ausdruck hat außerdem die Möglichkeit, temperamentmäßig verschieden zu erfolgen, je nach Anlagen und Erziehungsangebot.

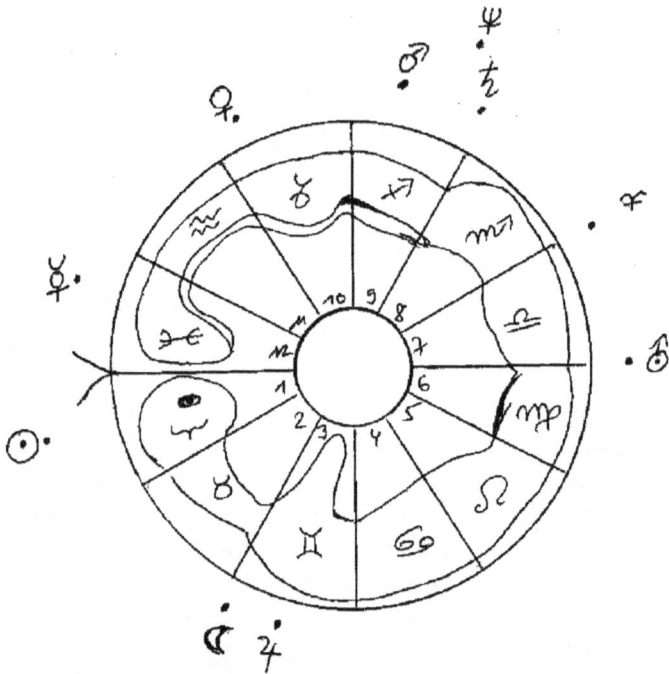

Scannung (Ablichtung) im Geburtsmoment
Plan mit den Planeten unseres Sonnensystems – Beispiel
Erstprägung Mensch
Kopf = Eintritt (Auftritt + Austritt) am Horizont
    = Planeten/Körper-Hervorkommen/Auferstehung
    = aufgehende Sonne = Richtung Osten = Aszendent

Teil III

Transformation ins neue Zeitalter

Wie kann man etwas in eine verständliche Form bringen, das auf allen Ebenen, in allen Farben fließt, und man jedem Strahl, jeder Stufe und jedem Ton gerecht werden will?
Formloses drängt durch einen Katalysator von Zeit und Raum, um sich in eine (neue) Form zu pressen. Dabei benötigt es die Endlosigkeit, während eine begrenzende Zeit klare Zuordnungen erzwingt durch überlegte Entscheidungen. Die Qualität des Fischezeitalters ergießt sich nach Plan in die unumstößliche Forderungsliste des Wassermannzeitalters.
Schnelle unausgereifte Auf-Schlüsselungen bringen im Resultat einen Zusammenbruch des entstehenden Systems. Zeitverzögerungen erzwingen am Ende die Resignation vor faulender Überreife. Um weder der Macht des einen noch des anderen zu unterliegen, sind wir gefordert, unsere Sinne weit zu öffnen, um sie dem geistigen Plan, genau im Zeittakt, folgen zu lassen. Jede/r ist, entsprechend ihren/ seinen Möglichkeiten, gefordert.

Der Mensch als Schöpfer

– (Studie mit Analogien und Bildern; Sprünge zwischen Vergleichbarem)

Sonne, Mond und ...

Das Erkennen, Aufnehmen, Annehmen, „Wahr"nehmen der Sonne als Gott (Sonnengott) und einer von seinem „Licht", seiner Herrlichkeit, abhängigen „Rippe" als Göttin (Mondgöttin), in uns integriert als Muster, als eine Basisprägung, führt zu oder entspricht erlebtem Resonanzerleben.

Etwas langatmig muten solche Sätze womöglich zunächst an. Schnelles Überlesen einer Kurzfassung geschieht jedoch oft auf Kosten einer tieferen Sinnerfassung. Eine bessere Geschmacksausschöpfung bringen so auch Speisen, die man sich anhaltend und langsam auf der Zunge zergehen lässt. Kurzatmigkeit bringt (uns) nicht in die Mitte und deshalb nicht zur beglückenden Erfüllung. Wie wäre es deshalb mit einem Neubeginn, mit dem Versuch einer Öffnung aus der Zentrierung? Das kommt einer Meditation nahe, einem Weg nach innen, zu den persönlichen Kraftquellen.

Identifikationen sind möglich sowohl mit dem ausstrahlenden, beleuchtenden, befruchtenden Sonne-Prinzip als auch mit dem empfangenden aufsaugenden Mond-Prinzip.

Ersteres (Sonne) assoziiert demzufolge mit dem Autonomen, Mächtigen, Selbstbestimmten, dem Kardinalen, Aktiven, das Zweite (Mond) mit dem Licht- (Lebens-)abhängigen, Unbeständigen (zunehmend/abnehmend), Veränderlichen.

Erkannte beobachtete Abläufe am Himmel lassen sich so in natürlichen Vorgängen auf der Erde im Allgemeinen und in uns, unseren irdischen Körpern im Besonderen, wieder entdecken. Unser Körper, eine Art Schlüssel, Speicher oder Festplatte, wo alles abgespeichert analog, also entsprechend, entdeckt werden kann, als (für uns) scheinbar neue Tatsache oder „Erfindung". Unser Körper, ein funktionierendes zuverlässiges Prinzip, das sich im Zuge der Evolution, Mutation, als überlebenstauglich bewährte. Körperreaktionen (wie Erdreaktionen) drängen (uns) so über das gespeicherte Programm, die Software, zu triebhaften oder instinktiven Sicherheitsreflexen. Fest geprägte, eingeprägte (Gen übertragene) bisherige Erfahrungen, Lernprozesse, produzieren Automatismen, Schutzhaltungen oder auch Ängste, in sich wiederholenden gleichen oder anmutend vergleichbaren Situationen, mit der Absicht, weiteres Leben zu sichern, „unsere Haut" zu retten. Die Haut, der äußere Schutz, Beschützer unseres Lebens, zeigt z. B. eine Entsprechung am erkannten Himmelsgeschehen im Planeten Saturn, dem äußersten mit bloßem Auge sichtbaren und in der Menschheitsgeschichte noch bis vor relativ kurzer Zeit in unserem (Sonnen-)System äußersten bekannten Planeten. In unserem kollektiven Speicher vertritt Saturn also den äußeren „sichtbaren Körper", den Körper-Rand. Er ist somit gleichgesetzt mit der uns umrundenden Haut = größtes Organ und somit dem Grenzsetzenden, Fixen, der Schwelle zu anderen Dimensionen, zu außer(-halb) Irdischem, zu außer(-halb) eigenem Körperlichem, oder einfach zu Fremdem oder Fremden.

Traditionelle Rollenspiele oder
1. Der Weg hinaus

Das Kardinale, Sonneprinzip, erleben wir im traditionell übernommenen Zusammenleben als die „übernommene Rolle" des Mannes (Vaters), als dem nach außen Strebenden, um dadurch Neues, anderes zu erreichen, um es zu bestrahlen, zu überstrahlen, zu er„ober"n.

Das Veränderliche, Mondprinzip, (Licht-)Abhängige, unter fremdem Licht Liegende, „Unter"liegende, Aufnehmende, Annehmende, Beeinflussbare erleben wir in der „übernommenen Rolle" durch bzw. übertragenen Rolle auf das Kind. Der Mond schwankt „in unserer Wahrnehmung" zwischen Dunkel und Hell. Der Mond oder kleine Mensch „kommt" aus dem Dunkel, dem Nichts, und geht oder fällt ohne Sonne, ins Nichts.

Auch die Frau (Mutter) erleben wir mitunter in ihrem Lebensrecht noch auf diese abhängige „beschnittene" Rolle reduziert.

Das Fixe, Saturnprinzip, das Schützende, Behütende, Stabilisierende, Erhaltende und damit einhergehend auch das Beschränkende erleben wir im traditionellen Zusammenleben als die „übernommene Rolle" der Frau (Mutter). Verantwortung tragend hält sie wie Saturn nach innen, im „Inneren" das Nest für weiteres, neues Leben. Sie ist somit Trägerin des Kindes bzw. Mitträgerin der Rolle des Kindes.

Solange die Rollen des genannten kardinalen (männlich) sowie auch des fixen Prinzips (weiblich) auf das jeweilige Geschlecht beschränkt anerzogen werden, kann man Nachteile mit z. B. folgenden Stichworten benennen:

Die Frau, solange sie nur über das Fixe Prinzip definiert wird, bleibt reduziert auf z. B. Körper, Nest, guter Geist, heilender Geist (= heiliger Geist, Heiland-Geist?), Fürsorge, Verantwortung (= alle Schuld auf sich nehmen?)

Spricht man ihr das kardinale Prinzip ab, heißt das: Verzicht auf Ich-Durchsetzung und Führungsrollen; aufflammender Mut dazu trifft auf Unverständnis, ja selbstverständliche (kardinale) Bekämpfung in den verschiedensten Situationen und Variationen.

Der Mann, solange er nur über das kardinale oder Sonneprinzip definiert wird, bleibt reduziert auf z. B. seine Strahlkraft (einzigartig wie das Licht der Sonne in unserem System), Namensgebung (mit eigenem Licht Besitz von etwas ergreifen), subjektives Ich-betontes Handeln (übergreifend wie das Sonnenlicht). Spricht man ihm das fixe Prinzip ab, nimmt man ihm z. B. Köperbewusstsein, die Fähigkeit zur Einspürung, Bereitschaft zur Verantwortungsübernahme für andere, Teamgeist, differenziertes Wahrnehmungsvermögen, Rücksichtnahme, soziales Denken etc.

Dass Menschen heute mit zunehmendem Selbstbewusstsein vermehrt in andere Geschlechterrollen schlüpfen, macht äußerlich sichtbar, dass die gelebte Geschlechterrolle auf das reduziert werden kann, was sie ist, nämlich nur ein Teil eines vielfältigeren Ganzen in einer Persönlichkeit oder als Planetenentsprechung, ein Fixieren auf eine bestimmte Umlaufbahn.

Je nach „übernommenem Rollenanteil" im Zusammenleben sind zunächst die anderen Rollen auf Mitmenschen in der Erwartungshaltung übertragen. Steigt in einem Rollengefüge jemand aus seiner Rolle aus, kommt somit „der Rest" in Reaktionszwang, um die in dem „Ganzen" entstandene Lücke zu füllen. Die aus dem Ruder gelaufene „natürliche Ordnung", die auf Vollständigkeit zielt, drängt auf Ausgleich und verschafft ihn sich so oder so.

Da jeder Mensch auch die Möglichkeit in sich trägt, in bisher von ihm noch „nicht gelebte Rollen" hineinzuwachsen, also andere Rollenanteile in sich zu akzeptieren, ist er damit einhergehend gefordert, Projektionen zurückzunehmen, um schließlich als voll integrierte Einheit zu leben.

Die drei genannten Rollenanteile, diese 3-Heit der Ich-Identifizierung, Veränderlich, Kardinal, Fix, als einen persönlichen Entwicklungsweg verstanden, käme als zeitlicher Ablauf etwa wie folgt zum Tragen:

Veränderlich (Mond) = sich auf neue Impulse einstellen, sich verlieren = es geschieht mit mir, reflektieren, entspricht den Möglichkeiten eines Kindes.

Kardinal (Sonne) = sich nun eines/seines Zieles bewusst, dieses Bahn brechend verfolgen = bewusstes Handeln, Anspannungsphase, entspricht dem erwachsenden Menschen.

Fix (Saturn) = das Erschaffene nutzen, den Lohn aus dem Erzielten zurückführen. Dem Hinaus folgt nun das Herein, entspricht dem an seinem Einsatz gereiften Menschen. Entspannungsphase.

Die so gewonnene Freiheit kann sich erschöpfend in einer Trägheit oder Abhängigkeit enden, schließlich in einem erneuten Schrei nach Leben.

Veränderlich = Das Kind (im Erwachsenen) kann sich nun wieder zu Wort melden und sich neuen Impulsen öffnen.

Verschiedene Prozesse können auch gleichzeitig in unterschiedlichen Bereichen laufen.

Wie am Himmel, so auf Erden – was nichts anderes heißt als wie oben, so unten – ist genauso anwendbar auf: Wie im Großen, so im Kleinen bzw. umgekehrt. Vom einzelnen sich entwickelnden Menschen also auf die ganze Menschheit bezogen, ist diese befähigt, selbst Schöpfer (Sonneprinzip) zu sein, und doch ist sie der Schöpfung unterworfen oder ausgeliefert (Mondprinzip). Die Menschheit bildet, uneingeschränkt als Einheit, einen sich selbst haltenden, schützenden Ring (Saturnprinzip) der „die Treue besiegelt". Sie ist Trägerin einer (sich geistig vorgestellten) Kraft, durch die sie sich selbst hält und damit erhält und die deshalb (energetisch) ständig einen anfallenden Ausgleich schafft.

Erweiterte Rollenspiele

Für alle um uns erkannten Bilder finden wir (einen Raum für) Analogien in uns. Wie draußen, so drinnen. Unser Erleben lässt sich so immer in Gleichnissen verständlich machen. Wir tragen also in uns den Schlüssel, die Welt, das Universum zu entdecken. Umgekehrt ist das Universum der Schlüssel zu uns. (Falsch verstanden dogmatisch eins zu eins umgesetzt, führten bis heute solche vorläufigen Wahrheiten in religiösen, sozialen, ethischen Entwicklungen allerdings immer wieder zu fatalen Auswirkungen, denen viele Menschen zum Opfer fielen). Das lässt schon erahnen, dass viel für uns noch im Dunkeln liegt. Weitere „Öffnung", Erhellung, ist es im Einklang mit einer natürlichen Ordnung, führt immer wieder durch einzelne Vorreiter zu neuen Durchstößen, neuen Entdeckungen. Das „Eindringen" umgekehrt dieser neuen Komponenten zunächst erkannt durch Einzelne, sprengt so immer wieder den derzeitigen kollektiven Bewusstseinsstand. Der Rahmen eines vollständigen Bewusstseinsrund gleicht einer uns umlaufenden Bahn und öffnet sich so zu einem erweiterten, verändernden. Wie in einer sich vergrößernden Familie bleibt nichts mehr exakt, wie es war. Kollektiv Erfasstes dient so jedem Einzelnen wieder als Reservoir und ermöglicht ihm den Zugang. Es steht bereit für die individuelle persönliche Entwicklung und zeigt sich entweder als Angebot im Außen oder es „drückt" als latent im Reservoir „Anstehendes" einzelne von innen heraus oft geradezu auf Pionierwege. Das Kollektiv gibt als Rund, so gesehen wie die Schale eines Eies, an der vorgesehenen („Vorsehung"), weil optimalen Stelle nach. Die Bereitschaft, hier durchzubrechen, ist bei diesem dafür stärksten, weil „schwächsten", sensibelsten (Mit-) Glied gegeben. Verstandene weise Unterstützung erleichtert den Vorgang einer solchen „Geburt". Wie ein gelegtes Samenkorn, eine austreibende Wurzel, sich nährend aus dem Rund, dem Reich der Erde, einem inneren Ruf der gespeicherten Information nachkommt und dem lockenden Licht zustrebt, das bereits gespürt vernommen wird, verwirklicht es sich und gibt sich doch hin. Eine innere Uhr ermahnt, ein Glaube, eine Hoffnung, die die Zeit zur möglichen Veränderung erahnt wie einen nahenden Morgen, der sich noch nicht zeigt.

Kurze Abschweifung

Je nach Zusammentreffen, Zusammenwirken der verschiedenen Komponenten oder Beteiligten (bei besagter Geburt) ist die Wirkweise, der Erlebenswert, verschieden. Beispielgebend führt noch gefrorene Erde, gepaart mit einem dicken austreibenden Pflanzentrieb, bildhaft übertragen ins menschliche Beziehungserleben, bei den Beteiligten („Faktoren") dort eher zu schmerzhaften Erlebnissen, wogegen feuchte, bereits offene, sonnendurchflutete Erde und ein eher zarter grüner Trieb sich nicht hemmen, oder ein stark durchnässter Boden und ein Trockenheit liebender Trieb wieder andere Verhältnisse schaffen.

Alles kann außerdem auf verschiedenen Ebenen erlebt werden. Einem Triebdurchbruch durch die Erdoberfläche gleicht z. B. auf einer anderen oder höheren Ebene in einem aufbauenden, luftig-hellen (geistigen) Stadium, die herangewachsene Knospe, deren innere Blütenblätter, voll entwickelt, gegen eine Außenwand drücken, sich „auflehnen" gegen die bisherige Begrenzung, aber auch gegen den sichernden Rahmen, den gewährten Schutzraum. Die nun erneut weitere Entfaltung hemmenden Sicherheiten bzw. Hindernisse werden (auch) gesprengt, ohne dass das Dahinter schon sichtbar wäre. In einem Menschenleben gibt es ebenso die verschiedenen Entwicklungs- oder Reifestufen, die sich in ihrem Grunde gleichen.

Eine innere Druckentwicklung hier (sei es bei einem Kind oder einem noch nicht selbstbewussten Erwachsenen), vom Stadium des menschlichen Verstandes „noch" nicht erfasst, weil noch nicht durch-blickt, erfolgt, da dieser (Öffnungs-) Druck, noch gegen „wohlwollende Schutz Gebende" nicht sozial verträglich scheint, deshalb im menschlichen Beziehungserleben oft eher ungewollt, oder einhergehend mit Entwicklung von Schuldgefühlen, Versagensängsten, bis hin zu sehr tief greifenden inneren Konflikten. Denn das hier als Beispiel angeführte Innere, also das oder der Beschützte, wird der Hülle (dem Beschützer) scheinbar nicht gerecht. Unaufhaltsames inneres Wachstum, das hinausdrückt, kann so wieder nach innen gelenkt werden. Druck richtet sich „drohend" gegen das eigene Selbst, den inneren Kern. Wie bei einer Pflanze in ihrer Gesamtheit wirkt sich auch in z. B. einer Familieneinheit eine solche Entwicklung nachteilig auf die ganze Familie aus. Das Sprichwort „Unwissenheit schützt vor Strafe nicht" wird hier verständlich. Entsprechungen findet man genauso als ganze kollektive Muster. Wie eine deformierte Pflanze nicht die besten Voraussetzungen für neues Saatgut schafft, wirkt sich eine ungesunde Information einer Zelle im Familienverbund, sprich eines Familienmitglieds, auf in dem Familienstammbaum Folgende (Familienkrankheiten) nachteilig aus. Nicht erleichternd oder sogar erschwerend dabei sind „Vor"-Stellungen bzw. „Ver"-Stellungen durch z. B. Schuldzuweisungen. Sie verdecken, verkapseln, verhärten bestenfalls im Argen liegendes Darunter. Und es ist nur eine Frage der Zeit, wann und wo dieses Saatkorn neu austreibt, sprich in einer nachfolgenden Generation (einem neuen Frühling) prägend, also ungesund informierend, wieder zum „Vor-"Schein (hervorscheinen, hervorkommen) kommt. Die den Stamm schwächende Information muss an der Wurzel, der Ursache, „wohl" bringend, wandelnd in die natürliche gesunde „Idee", etwa (von Schuld) „frei" sprechend, ein neues Bild prägend, gelöscht werden. (Hingewiesen sei hier auf erfolgreiche Arbeit in der Psychosynthese oder z. B. beim Familienstellen). Wichtig bei solchen „Löschungen" wäre allerdings wohl, dass schädigende Muster im Widerspruch dazu als solche dem Bewusstsein zugänglich und als Mahnschilder erhalten werden, damit Gleiches nicht wieder geschieht und deshalb heilende Abwehrstoffe wie eine Schutzimpfung tief ins Kollektivwissen eingespeist bzw. aufgefrischt werden.

Zurück zum Thema

Dahinter also, hinter einem/unserem bisherigen Begrenzungsrund offenbart sich Neuland, Entdeckung, Findung, Erfindung. Die bisherigen (eigenen) Verstellungen lassen das „magisch herbei Gesehnte", die kommende Entwicklung, durch Öffnung (nach oben bzw. außen) sichtbar werden. Das Kommende nimmt eine Form an, so wie die im Samenkorn „gedachte" Blume eines Tages greifbar ist.

Als Gleichnis „entdeckt" ein Kleinkind so in seiner Wachstumsphase, dass hinter der schützenden Mutter noch weitere Personen stehen. In der Erbfolge durchaus wörtlich zu nehmen ist die unmittelbar nächste Person, die der Mutter in einem weiteren, äußeren Kreis folgt, die Großmutter. Diese ermöglicht es, eine Generation weiter zu sehen, in einen größeren Rahmen, einen größeren Zusammenhang. Ein Raum, eine Weisheit, die neue Sichtweisen, weitere Perspektiven zulässt. Bildhaft übertragen nach oben, zum Geschehen am Himmel, zieht der später hinter bzw. um Saturn (Mutter) neu entdeckte Planet Uranus (größere Mutter, Großmutter) seine Kreise. Ein „analoges System", das sich uns da spiegelt. Eine Mutter über der Mutter, um die Mutter, eine Übermutter. Eine mögliche (Aus-)Wirkung (auf uns) wäre auch das Erfassen als ein der Mutter übergestülptes Bild. Ein der nicht akzeptierten – oder nicht erkannten, weil nicht verstandenen – realen Mutteransicht vorauseilendes Wunschbild, das den eigenen Bedürfnissen gerechter würde. Gerechter oder plausibler, verständlicher, entweder aus einer eigenen Grundausrichtung heraus oder aufgrund einer anerzogenen, übernommenen Ansicht der Umwelt. Ein Wunschbild

(Mutterimago), das jedoch ohne Akzeptanz des real darunter Liegenden im Moment, da die Sicherheit (der Mutter = Saturnprinzip), das verbindende Glied benötigt wird, nicht trägt. Der „direkte" Boden unter den Füßen, die unmittelbare schützende, behütende Hülle bis zur Reife, die nicht erfasste Zwischenstufe fehlt dann (zunächst) zur eigenen Stabilitätsbildung als Voraussetzung für eine Folgeentwicklung.

Das erwachsende Kind bzw. der erwachsene Mensch kann also den schützenden Raum der Mutter verlassen und hinausspazieren in die Welt. Idealerweise gleichzeitig kann sich im Erkennen dieser Reife die Mutter wie eine sich öffnende Schutzhülle einer Knospe es den kindlichen „Blütenblättern" erlauben, sich „Druck entspannend" hinausfließen zu lassen, in eine neue Welt. Es folgt für den Neuling ein sich Hingeben, aber auch ein (sich) Ausliefern in Unbekanntes, an ggf. anmutend Rücksichtsloses, mit sich daraus entwickelnden oder bestätigenden Unsicherheiten. Betrachten im übertragenen Sinne die Blütenblättern die Schutzhülle als etwas von sich Getrenntes sind sie von deren Bereitschaft, deren (göttlichen) „Absolut"-ion abhängig, betrachten sie alles als eine gewachsene Einheit, ist selbstverantwortliches Handeln aus eigener Reifebildung annehmbar. Zunächst optimaler „Wärmebedingung", will man sich auf die schützende Hülle, die Gewohnheiten weiter verlassen, fixiert darauf bestehen, gewissermaßen „unreif" darin verharren, folgt unabwendbar die Enttäuschung. Abhängigkeiten, Bindungen, werden schmerzhaft spürbar zunehmend entzogen. Reif und dadurch kraftvoll angestrebt verlieren, lockern sich dagegen alte Sicherheiten, übergeben, überlassen mehr und mehr an einen bereitstehenden, leicht machenden Entfaltungsraum. Sich anbietend kann dieser bei noch mangelnder Stabilität, fehlender mit übernommener Selbstverantwortung, (z. B. Spätfröste nicht beachtend), überzogener Euphorie (vom Regen in die Traufe), haltlos geworden, in einen rauschähnlichen Zustand der Schwerelosigkeit locken. Eine Art kindlicher Zustand auf „höherem" Niveau, eine Art eigene Überkind-Vorstellung. Diesem neuen Entfaltungsraum entsprechend zieht außerhalb Uranus der nach Uranus entdeckte Planet Neptun seine Kreise. In Kreisen verkehrend, heißt seine Kreise tatsächlich am Himmel ziehend in einem Raum, die aus der Rolle „des bisher Üblichen" fallen, könnte man zunächst assoziieren, dass man mit Neptun in eine Schiefbahnwelt geraten kann. Übliche logische Perspektiven und Handlungen greifen nicht mehr. Nur das Öffnen (Uranus) eines fixierten begrenzenden Weltbildes (Saturn/Mutter) sowie das Loslassen bisheriger Vorstellungen von Machbarkeit (Sonne/Vater – die Strahlkraft der Sonne lässt mit der Entfernung nach) lassen, in Übernahme von Selbstverantwortung für die eigene Nachreifung, und in Bereitschaft für die anschließende Übergabe der erreichten Individualität, d. h. im Vertrauen auf <u>dann</u> haltende stärkere wohlwollende Kräfte, lässt beim Durchlaufen dieses Bereiches, am anderen Ende (dieses Prüfungskanals) wieder unbeschadet oder versöhnt heraussteigen.

Das Bild vom Machbaren (Macher, Vater, Sonne) erfährt eine vollkommene Wandlung. Das gefundene neue Weltbild kann getrost alte Muster zurücklassen. Es lässt zu, alte Abhängigkeiten, Lasten und Schwere fallen zu lassen oder mit zu übergeben, hilft, leicht zu werden wie eine Feder, wieder die Gelassenheit und Freude eines Kindes zu erfahren. Diesem Schöpfungsbild und damit einhergehend dem neuen, endlich oder wieder gefundenen Selbstbild, dieser wieder höheren Perspektive entsprechend, kreist der nach Neptun entdeckte Planet Pluto als nun äußerstes, höchstes Ziel (unser Sonnensystem betreffend), macht es damit vollkommen. Gleichsetzbar ist dieses Ziel mit dem Bild des vollkommenen (neu geborenen) Menschen oder mit einer Überhöhung des Machbaren bzw. Vaterbildes. Man kann es auch das Bild oder die Vorstellung eines Übervaters (Vaterimago) nennen oder einen Großvater.

Jedoch erst wenn das „Machbare" eigenverantwortlich erfolgte, ist (nach diesem Durchlauf durch das subjektive Zentrum der Sonne) unbeschadet, weil folgerichtig, ein Perfektionieren, ein Überhöhen möglich, der Weg hinaus offen. Fehlt also die reale Grundlage, wird „ein unannehmbares, weil anmutend untaugliches reales Vaterbild" nicht akzeptiert, sondern (die Sonne verdunkelnd) ein Übervaterbild darübergestülpt, bricht das mangels Unterbau, mangels „Ich"-Zentrum (Himmels-„Körper"-System-Mitte ist gleich Sonne), mit entsprechenden Auswirkungen. Oder ausgehend von einer anderen Ebene: Fehlt die Bereitschaft für die Schaffung der Basisstabilität, schafft das eine Voraussetzung zum Scheitern des Aufbaues (analog den Entsprechungen später neu entdeckter umlaufender Planeten im Ordnungssystem). Eine Ideologie, ein Idealbild orientiert sich immer an der bereits geschaffenen Realität, baut darauf auf (siehe dazu auch die Beschreibung zuvor zu „Übermutter").

Erkennen der Schöpfung = Selbsterkenntnis

Der Mensch strebt in der Schöpfung selbst eine bewusste Schöpferrolle an, „funktioniert" er doch, beeinflusst durch aufgenommenes Erkanntes bzw. übernommenes Denken, unbewusst ohnehin in einer solchen verändernden Bearbeitung der oder seiner Wirklichkeiten (Glauben und Glaubensgemeinschaften gehören hierher). Das Geheimnis der Magie. Es lüftet hier einen Schleier. Ein einem Impuls, Gedanken, Wort folgendes Resonanzerleben bestätigt lediglich die eigene Verursachung. Wie ein Samenkorn, das in die Erde fällt, oder ein Stein, der in ein „Spiegel"-glattes Wasser geworfen, den „Spiegel bricht" (symbolisch spricht man von 7 Jahren bzw. 7 Planeten Unglück) und Kreise zieht, die sich fortsetzen, setzt sich die gesetzte Ursache im eigenen Leben fort. In Gang gesetzt, „hinausgeworfen", kommen die Wellen, kommt die Bewegung, auf Ver-„Ur"-sacher bzw. auf die Ursache zurück. Das Gesäte wächst und gereicht zur Reife und Ernte. Das Ausmaß wächst und fällt mit der Herausforderung gegenläufiger Kräfte.

Auf den Spuren der Natur, der alles aus sich selbst hervorbringenden Kraft, der Naturreligion, bringt ein Hauch des Ursprungs uns einem „in uns ruhenden" Selbstverständnis näher. Eine Ahnung erwacht von einer tief wurzelnden Klarheit, die verschmolzen ist mit einem höheren Willen.

Anfang und Ende entsprechen
einem begrenzten Denken

In dem unser irdisches Körpersystem, also analog auch die Erde, umkreisenden Rund bzw. „Denk"-rund, wurde der Mond der Erde bzw. dem Menschen als der nächste Planet in einem erweiterten eigenen System erkannt. Der Mond eröffnete, machte den Anfang, stellte den Kontakt zur äußeren, zur Außen-Welt her. Saturn, der in der traditionellen Sternenerkundung letzte entdeckte, mit bloßem Auge sichtbare Planet, schloss den Kreis dieses eigenen Systems. Gleich einem Vorhang umhüllte er als Grenzsetzer, Hüter der Schwelle, Schutzengel oder als Sensenmann, Tod, der ein „Weiter" verhinderte. Er schloss den zugehörigen Raum ab, und damit das menschliche Denkrund. Kein Mensch von dieser Welt, kein Sterblicher würde diese (gedanklich) gesetzte „Lebensgrenze" überschreiten können, diese Tabuzone ungestraft übertreten. Nur Eingeweihte, Weise erschauten solche Gesetze.

Ebenso kann in der Pflanzenwelt nur das Unsterbliche, das immer wacht oder wieder erwacht, zu (einem) neuen Leben, kann nur Ewiges (Leben) die äußere Kruste der Erde (die Erdgrenze, irdische Grenzsetzung), neu austreibend durchbrechen. Das Innerste überdauert, der geschützte Kern, das

Samenkorn, die Wurzel, die alle Informationen haltend, sich im Ewigen den Kräften der Natur übergibt.

Um hinter diesen dunklen Vorhang (der Erdkruste) schauen, das „über"irdische Licht erblicken, erschauen zu dürfen, bedarf es aber zunächst der innersten Reife. Alle weitere Entwicklung, wann die „Zeit" reif ist, bestimmen allerdings Faktoren über der Erde, überirdische Umstände bzw. Größen. Nur sie können die Voraussetzungen schaffen, dass sich die Totenstarre, die Starre der Erde wieder öffnen kann und die alles erweckende Wärme, die Sonne, ihr Licht, in den Keim (der Hoffnung, des Glaubens) wieder einfließen lässt. Ein magisches Spiel das (sich Liebende) verbinden, das wieder (das Gewordene, das Kind aus dieser Verbindung) auferstehen lässt.

Mond also als Öffnung, Saturn im traditionellen Bewusstseinsspeicher als Abschluss. Öffnen und Schließen, Anfang und Ende. Der Mond, insoweit ein Kind des Saturn, als er in dem uns nächsten, innersten Kreis, seinem Zyklus, in nahezu ebenso vielen Tagen um die Erde kreist wie Saturn in Jahren. Saturn somit als äußerster, schützender Kreis–Halter, hütende Mutter, die alles nach innen, die das Nest in den Händen hält, innehält; das Buch der Weisheit, Geheimnis des/ unseren Lebens.

Umgekehrter Weg oder
2. Der Weg herein.
Komprimierung, Verdichtung,
der Weg der Götter in die sterbliche Materie

Der subjektiv wahrgenommene Weg, von der Erde als Mittelpunkt, immer einen weiteren Planeten und dessen Bahn nach außen bzw. nach oben neu zu entdecken, zu erschließen, aufzuschließen, ergänzt sich durch den Weg, der an der subjektiven Peripherie, am äußersten Planeten beginnend, nach innen bzw. unten führt. Ganz oben, den Sitz der Götter annehmend, wäre deren Preis auf dem Weg zur Erde, wollte einer Mensch werden, der, die Unsterblichkeit zu verlieren. Eine Vorstellung von Göttern ist z. B. festzumachen an einem erstrebenswerten vollkommenen Ideal. Ideale, Werte, etwas nicht Personifizierbares, sind somit nicht sichtbar, unsterblich, unverletzbar. Sie bleiben unserem Glauben, der Hoffnung, der Liebe immer erhalten, geben Halt, denn sie richten aus. Sie sind nur mit Vorstellungen, Worten, gedanklich, also fein-stofflich zu erfassen. Trotzdem haben sie stärksten Einfluss auf die Körperwelt der Menschen. Sie lassen größte Hindernisse überwinden, verleihen enorme Kräfte, lassen Flügel wachsen. Sie gereichen zu höchsten Ehren, wenn sie dem „menschlichen" Miteinander, der Liebe, dienstbar gemacht werden. Damit Ideale, sprich Götter, uns erreichen können, sind diese gefordert, Funken ihrer selbst, ihrer Endlosigkeit zu entziehen, um sie, alle (unsere) Schranken überwindend, eindringen, er-wachen zu lassen in einem Menschen. Mit diesem Menschen und in ihm durch und durch Fleisch geworden kann der Mensch mit diesem in ihm aufgegangenen Licht Teil haben am Reich nun dieses einen „Gottes". Dieser ganze Reichtum, den dieser Mensch nun verkörpert, steht ihm sodann als Para-dies offen, lässt ihn teilhaftig werden.

Der Preis dieses Mensch gewordenen Funkens ist nun der, dass er mit dem Menschen, dass seine sichtbar gewordene Hülle sterblich wurde, er, der Seele Verleihende, aber un-sterblich wieder zurückfließt, aufsteigt zu seinem Schöpfer-Ideal selbst. Der Preis dieses Mensch gewordenen Funkens ist nun aber auch der, dass er sich in diesem Menschen, je rei-ner, zu desto Großartigerem verwirklichen kann. In höchster Vollendung kann er einen Menschen befähigen, aus der De-mut und Dankbarkeit seines vor Freude sprudelnden Her-zens goldene Tränen des Glücks zu vergießen, Freudentränen zu verteilen, solange ihm dafür noch die Zeit auf Erden bleibt, weil er darin, weil er in sich den alles erfüllenden Sinn entdecken durfte, das große Ideal bzw. (seinen) Gott selbst. Dieser Geist kann sich außerdem ausbreiten auf eine ganze Gruppe von offenen, suchenden Menschen, diese erfassen in einer spirituellen (geistigen) Einheit. Dieses sein sich Zeigen ist der „Stoff", sich zu finden, in Grenzen auflösendem, alles verbindendem liebenden Verstehen als Einheit. Dieser Stoff oder Geist ist selbst fähig, Grenzen auflösend alle Völker zu vereinen. Eine erstrebenswerte Seite einer Globalisierung wird erkennbar. Ein Fingerzeig weist mit dem endenden (Fische-)Zeitalter noch über das kommende (Wassermann-)Zeitalter hinaus.

Ideale, die sich nicht nach unten weiter entwickeln, diese „sich selbst hingebende" Offenheit nicht vorfinden, nicht in weitere Bahnen nach innen befruchtend vordringen können, bleiben körperlos „über den Dingen stehen". Ideale, die oben, nämlich kopflastig, verharren, nur als Gedanken, als Idee in Köpfen hängen bleiben, um andere zu moralisieren, um sie sich (berechnend) dienstbar zu machen, schweben in für uns zunächst einsamen gefühlskalten menschfernen Türmen. Ideale, die nicht herabsinken zum Herzen eines Menschen, bleiben blutlos kreisende Denkmuster (Geister), die den Menschen vom Leben entfernt halten bzw. entfernen, hin in diese Geistige Welt, eine Welt von Ideen, in der sich das Sterbliche, das „Menschliche" verliert. Führt jedoch die Entwicklung, die Erschließung, das Bewusstsein, der Lichtfaden bis ins menschliche, irdische Herz, können sich, „eis"-erne Ringe sprengend, grenzüberschreitend Welten verbinden, Ideale verwirklichen.

Mit dem Jahr Null bewegte sich der Frühlingspunkt der Sonne vom Himmelsbild Widder in das Zeichen Fische. Nach mehr als 2.000 Jahren nun befindet er sich, befinden wir uns im langsamen Übergang in den nächsten Himmelsabschnitt, in das „Wassermann"-Zeitalter. Eine Qualität erwacht damit stärker, die diesem „umgekehrten Weg" zwingend Rechnung trägt. Immer mehr Neugeborene, „neu Geborene", tragen (bereits) einen

76

bereitstehenden Impuls in sich, stellen sich diesem inneren (Seelen-)Auftrag mit einem Resonanzkörper zur Verfügung, um etwas von dieser Qualität in die Herzen einfließen zu lassen, suchen aber den Zugang noch. Sie „erscheinen" uns deshalb auch wie von „einer anderen Welt". Auch hier zeigt sich wieder in großen Dimensionen, in kollektiven Entwicklungen, was es ebenso im Kleinen, im Alltag Einzelner schon immer gab.

Räumlich – zeitliche 12 Teilung als individueller Verteilungs-„Schlüssel" (Kurzfassung)

Auf dem Weg, vom jeweiligen Standort unseres Bewusstseinsrund, (analog z. B. Erdenrund), sozusagen die Wand des geschlossenen Eies zu durchstoßen, macht es einen Unterschied, zu welcher Jahreszeit, zu welchem Zeitpunkt das geschieht. Die Qualität des jeweiligen Monats, die Eintrittsstufe, der „erste Eindruck" der Begegnung mit dem Vorgefundenen, dem Gegenüber, ist prägend für das innere Bild. Wie beim Fotografieren wird auf der Filmrolle das (nächste) freie, dafür bestimmte, noch nicht belichtete, noch nicht beleuchtete Feld, bedruckt, eindrücklich geprägt. Der erste Ein-Druck, eine Art Brandzeichen, legt die Zugehörigkeit, die (eigene) Ein-„Stellung" fest. In diesem Sinne wirkt, reagiert, strahlt dieses jeweilige übernommene Muster in seiner (Aus-)Wirkung auf die Ursache hin, wieder nach außen. Wie die Denkebene (analog Sonnenstand im jeweiligen Monat) prägen vorgefundene Erstprägungen anderer Faktoren des Systems, entsprechend auch andere Bereiche im Menschen, wie etwa die Gefühlsebene, die Körperebene, die Sinneswahrnehmungen. Je nachdem, wie harmonisch oder widersprüchlich dann die einzelnen Bereiche aufeinander, also in ihrer Verbindung wirken, wächst, erarbeitet sich, (der jeweilige Mensch) aus diesem Gesamtplan, diesem Schaltplan, für eine Gesamtentwicklung, eine Art zusammengesetztes Poster. Zusätzlich erschwerend wirken anders geartete Forderungen bzw. Erwartungen der Umwelt (Zeitmuster, -qualitäten oder Familien- oder Persönlichkeitsmuster einzelner Kontaktpersonen) ein. Sie fordern mitunter unmenschlich erscheinende Höchstleistungen oder enorme Kreativität, sozusagen um allem im Sinne einer optimalen Bildbearbeitung, sprich einer Selbstentwicklung (Weiterentwicklung), gerecht zu werden. Man könnte sagen, alles muss in den individuell zur Verfügung stehenden Kanälen (Filmkanälen), also den Vorführkanälen, den vorhandenen Lebenskanälen innerhalb der Überlebensmöglichkeiten, der begrenzten Sendefrequenz, passend gebündelt übertragen bzw. transformiert werden.

Erfinderisch, d. h. selbst zum Schöpfer seiner Welt zu werden ist, wie diese Kurzfassung zeigt, unabdingbar, aber auch Sinn gebend. Die Vergleiche aufführende Textgestaltung zeigt: Technik, technische Erfindungen sind so gesehen ein optimales Lernprogramm, um sich selbst zu erkennen. Funktionsparallelen werden verständlich, geben einen Eindruck, welche Vielfalt an Möglichkeiten im Menschen angelegt sind und brachliegend auf ihren Einsatz, die Aktivierung warten. Menschen können umgekehrt technisch nichts erfinden, das nicht in ihnen selbst angelegt wäre, wie ein Samenkorn nichts hervorbringen kann, was nicht verschlüsselt, verborgen, darin enthalten ist.

Unbekannte Welten

Das eigene Denken entspringt wohl zunächst immer einer gespeicherten Wahrnehmung. Es produziert und spiegelt uns gleichzeitig uns bzw. unser Produkt als äußere und innere Wirklichkeit. Nicht von der Einheit eines geschlossenen Denkrund erfasste Möglichkeiten bleiben auch unserem Blick verstellt. Wir können sie nicht reflektieren, da kein Raum in uns dafür geöffnet ist. Wie bei einem Computer ein neuer, fremder Text sich nicht abspeichern lässt, wenn dafür keine Datei angelegt ist. Da unser Denken (z. Zt.) einem Kreis, einer Kugel entspricht, wir wissen oder gehen ja auch z. B. heute davon aus, dass wir auf einer Erd-„Kugel" leben oder alles sich in unserem System um die Sonne bzw. subjektiv gesehen um die Erde, also um uns, kreist, so enthält und ermöglicht unser Denken immer alle Teile eines geschlossenen Rund, eines Kreises, einer Kugel. Jedes Ende ist gleichzeitig ein Anfang. Wir denken im Kreis, um zu einer geschlossenen Einheit, einer Ganzheit zu finden, erfassen alles „rund herum" um einen Punkt, eine gesetzte Mitte. Das bedeutet, dass das, was wir nicht erkennen und deshalb nicht erfassen, wir auch nicht abspeichern können, auch für uns (subjektiv) nicht existiert. Wir haben darauf keinen Zugriff, so wie wir eine verschlüsselte Datei nicht einfach öffnen können. Scheinbar nicht Existierendes wird deshalb zunächst negiert, ausgeschlossen (Der Kreis schließt sich). Tatsächlich ist es aber (nur) aus diesem, rundherum „begrenzten", Denkrund ausgeschlossen. Die Entwicklung zeigte immer neue Öffnungen, Vorstöße. Wie ein voll entwickeltes Küken die Eierschale sprengt, öffnet sich zu klein gewordener Raum, der Weiterleben verhindert, „sichtbar". Wie unsichtbare Strahlen bohren sich (Denk-) Kräfte, Ideale, anstehenden Bedürfnissen entgegen, um aus der zunehmenden Enge zu befreien. Die Strahlkraft einer Sonne erwärmt analog den geschlossenen Boden, die geschlossene Saat, und befreit das noch nicht Sichtbare, noch Unbekannte. Die alte Form, das Saatkorn, der Samenträger, Seelenträger, der alte Körper, gibt sich auf, öffnet die „Ein"-heit. Die Energien strömen hinaus, einen neuen (Raum oder Dimension erweiternden), einen anderen Körper (analog Pflanzenkörper, Schmetterlingskörper etc.) um sich aufbauend.

Mögliche Erschließungswege zu „neuen Welten" mit Hilfe von (Gedanken-)Kräften

Aktiviert so genanntes „Irres", Unverständliches, Unerklärliches, eine notwendige Kraft als Nährstoff für festgefahrene Gedanken in einer stagnierenden (eigenen) Welt?
Fragen außerhalb des Gewohnten kommend bohren etwa wie (Sonnen-)Strahlen durch die Schale, die Verkrustung, ins Innerste. Eine Frage könnte auftauchen, wie zu erschließender Wachstumsraum, wartend bereitstehen. Ich brauche sie vielleicht nur einlassen.

Ein Experiment

Ich will mich mit vollkommen leerem Gedanken-„kreis" (meditativ) auf eine unmögliche Frage einlassen, auf die ich keine Antwort kenne. Es taucht folgende „unmögliche" Frage auf: „Einer sieht ein leeres Feld. Ein anderer sieht auf dem Feld Sonnenblumen. Wer hat Recht?"
Eine erste Antwort aus mir, wie der erste Reflex eines erwärmten Saatgutes, lautet: „Jeder sieht an gleicher Stelle aus seiner Zeit!"
Was immer das in der Konsequenz heißt bzw. was daraus einmal wird. Wie eine erste Regung eines Saatkorns bewirkt die Frage möglicherweise immerhin eine Sprengung seiner Hülle. Ignoranz würde das verhindern. Nun beginnt etwas (aus mir oder der von mir ursprünglich zur Verfügung gestellten unbefleckten Denkhülle) aus dem gewohnten Rahmen hinauszudrücken. Bedingung ist also, etwas einzulassen bzw. sich einzulassen. Der Preis ist die Angst, den Schutz der gewohnten sicheren Hülle zu verlieren. Unbekanntes macht unsicher, erfordert neue Einstellungen, bringt Umstellung,

eine neue Zueinander-Beziehung, eine neue Zusammenset-
zung. Man weiß nicht, sieht vorher auch bei sich öffnender
Saat noch nicht, was dabei herauskommt, wenn die alte Sicherheit, die Schutzhülle bricht. Die Elemente formen sich
neu, bekommen ein anderes Gesicht, müssen sich anders
verhalten, haben andere Ansprüche, eine andere Perspektive, sehen anders, gehen neue Verbindungen ein, haben an-
dere Ziele, andere Motivationen, leben unter anderen Bedingungen, haben andere Erschwernisse, andere Erleichterun-
gen, leben „in einer anderen Welt". Trotzdem sind sie die
Gleichen, nur wie in augenscheinlich „verschiedenen Leben", zu einer anderen Zeit.
Eine weitere, aufbauende Frage dringt ein, bohrt nach. Vielleicht um nun vergleichbar, einem ersten winzigen (schlän-
gelnden) grünen Trieb die notwendige (Sonnen-)Kraft zu
schicken, damit er es schafft, die Saatschale zu durchschrei-
ten. Die Frage lautet: „Vielleicht kann man, wie im Mathe-
matikunterricht bei einer Bruch-Aufgabe, Zähler und Nen-
ner so kürzen, dass man dabei gleichzeitig die Zeit heraus-
streichen kann, so dass sich Widersprechendes (s. o. erste
Frage) zugleich existent sein kann?
Ich warte in mich hinein. Wo bleibt eine darauf folgende
Antwort? Vielleicht kommt sie nicht. Vielleicht sind dadurch
nicht die entscheidenden weiteren Wachstumsbedingungen
angesprochen. Vielleicht stagniert der Wuchs des „werdenden Pflänzchens" nun erst mal. Vielleicht kommt noch der
Schub. Vielleicht wählt das Fragen-All eine andere Frage aus
oder lässt mich darüber stolpern. Vielleicht endet der Prozess
hier wie das aus einer Samenschale herausgeschlüpfte Ende
einer Haarwurzel, und das Wachstum setzt sich nun an ganz
anderer Stelle fort, d. h. andere Fragen werden wichtig und
bringen andere Austriebe (aus der Schale) ans Licht, lassen
dort die Substanz konkreter werden und Formen und Farben
annehmen.

Ja wirklich, nun ist ja etwas herausgekommen, eine neue Erkenntnis, die zwar die zweite Frage nicht direkt beantwortet, aber durch diese Frage herausprovoziert, herausgelockt wurde. Ungewiss bleibt im Augenblick so oder so noch, was im übertragenen Sinne bei dieser Entwicklung, bei dieser „werdenden Pflanze" nun zum Haupt- und was zum Nebentrieb oder zum nötigen Blattwerk etc. Einsatz findet. Mit anderen Worten: Es ist für mich noch unklar, welcher Bestimmung bzw. welchem Schöpfungsbereich nun diese (meine) Entwicklung zugeführt wird. Außerdem liegt offen, wann es in der chronologischen Abfolge entscheidend zum Einsatz kommt, woran noch (wieder) die Zeitfrage geknüpft wäre.

Die eigene Entwicklung kann an Entwicklungen von Pflanzen gut nachvollzogen werden. Einerseits an einer einzelnen Pflanze unter vielen ihresgleichen. Andererseits stellt eine einzelne Pflanze mit ihren vielen verschiedenen aufeinander folgenden, aneinander gereihten Teilstücken, seien es allein die angeordneten Blätter, wieder eine Familie in sich selbst dar. Nacheinander „geboren", austreibend aus einem Stil, einem Stamm, entwachsen aus einem Stammbaum, entspringen sie derselben Wurzel. Daraus folgernd findet auch ein einzelner Mensch, selbst Wesen im Einklang der Schöpfung, Familie nicht nur im Verbund mit anderen, im Außen, sondern als eigene Teile, als verschiedene Anteile, in sich selbst. Mikrokosmos gleich Makrokosmos und umgekehrt, eine endlose Spiegelung, die sich fortsetzt.

Ein Veränderungsprozess in einem Bereich, z. B. im Innen, zieht ihn im anderen Bereich, z. B. im Außen, nach sich. (Nebenbei: Verstünde sich diese „Gleichzeitigkeit" nicht als Grundprinzip der Telepathie? Wäre sie außerdem nicht bereits Antwortsplitter zur oben gestellten zweiten Frage?)

Die Achillesverse unserer Ganzheit

Dass sich eine unberechenbare Größe nicht in unser Rund gleich bleibend einrechnen lässt, spiegelt sich schon alleine in der natürlichen Tatsache wider, dass wir immer wieder ein Schaltjahr als Lückenfüller einflechten müssen, um den Schein einer End-Gültigkeit zu wahren, zu bewahren. Und selbst damit bleiben immer noch (Minimal-)Differenzen offen. Das Geschlossene öffnet sich trotzdem, in Frist, wieder. Dass jedes System seinen Knackpunkt hat, eröffnet z. B. auch die Elementenlehre, die verdeutlicht, dass jedes Element durch ein anderes ab-„gelöst" werden kann.

Wo es nach einem jeweiligen Zyklus, einer Geschichte, einer Epoche, einem Zeitalter, weitergeht da, wo seine Geschichte endet, öffnet sich oft nur ein winziger Teilbereich der scheinbar geschlossenen Einheit. Ein Nadelöhr, durch das man hindurch finden muss. Der Unglaube, das Festhalten am begrenzten, begrenzenden Alten, an fixierenden Vorstellungen um jeden Preis, führt wohl so zu Weltuntergangsprophezeiungen, weil diese Lücke (noch) nicht zu sehen ist. Die winzige Öffnung jedoch lässt Lichtwellen eindringen, züngelnde Schlangen, die die paradiesische Einheit Lügen straft und zum Austritt mahnt.

Nicht zu unterschätzen ist deshalb aber auch, dass jedes erweiterte Sicherheitssystem, jeder zusätzlich erschlossene Raum, sich irgendwann einem noch größeren auftauchenden (Schicksals-)Kreis, analog einer weiteren Planetenbahn, einem neuen Baum bzw. Raum der Erkenntnis öffnet, mit möglicherweise für uns (z.Zt.) noch schockierenderen Ein-Wirkungen als Auswirkung.

Der Mensch als Schöpfer in 12 unterteilten Schöpfungsbereichen

Mitten in die Schöpfung geworfen, geboren, fällt die eigene Bestimmung, fallen die zu lösenden Haupt-Aufgaben schwerpunktmäßig in bestimmte Entwicklungsbereiche, vergleichbar mit denen einer Pflanze oder vergleichbar z. B. auch genauso mit den Naturen der 12 verschiedenen Monate eines Jahres. Zeit wird dabei jedoch relativ. Die Zeit-„Pflanze" macht immer nur Teilbereiche sichtbar, zeigt die Bewegung an oder den Strom, der (hindurch)fließt. Sie signalisiert uns einen Prozessablauf, zeigt einen Fluss an, das Leben in einem ewig Seienden.
Nachfolgend also Entsprechungen dieser 12 Qualitäten, unterschiedlichen Entwicklungsstadien oder Existenz–Teileinheiten durch ein Jahr.

Widder
Sich eine Welt erdenken, beeinflusst durch Geburtsumstände als Primärprägung.

Stier
Die erdachte Welt in eine Form bringen. Die Welt mit Formen assoziieren. Formen der eigenen Vorstellung dem eigenen inneren Plan schöpferisch zuordnen.

Zwillinge
Kontakt zu dieser geschaffenen (sich vorgestellten) Welt aufnehmen. Mit ihr in Verbindung treten. Ihr das „Leben einhauchen".

Krebs
In der erschaffenen Welt als ein Teil von dieser leben.

Löwe
Diese Welt erproben. Sich in dieser Welt erproben. Zum Held
(Antiheld), zum Mittelpunkt in dieser Welt werden.

Jungfrau
Erleben der eigenen Existenzfülle oder Existenzniederlage, ern-
ten (erarbeiten) oder verlieren (betteln).

Waage
Versuche, einen gerechten Ausgleich zu schaffen.

Skorpion
Gegenkräfte werden herausgefordert oder fordern heraus.

Schütze
Hintergründe und/oder geeignete eigene Lösungen entdecken.

Steinbock
Herr und Meister und Verantwortlicher der eigenen Welt werden.

Wassermann
Die eigene Welt neu strukturieren, Verbesserung, Neuorientie-
rung.

Fische
Öffnung für das „Meer" der gesamten Möglichkeiten.

Widder
Entscheidung für eine aus den gesammelten Erfahrungen andere selbst gewählte Form der neuen Ich-Durchsetzung. Eintritt in
eine neue erdachte Welt.

Heil und Unheil
Der Magier in der Welt der Magie

Wie im Bereich der Elektrizität erkannt (und in der technischen Entwicklung bewährt eingesetzt), zieht ein Blitzen bereiteter Boden diese an, wo sie sich entladen. Anziehungskräfte wirken verbindend, auch über einen für uns nicht sichtbaren Raum (Körper) hinweg. Gegenpole binden den/ einen (sichtbaren) Körper (Erde) ein, halten die Spannung, halten sich selbst aufrecht, durch die durch Dehnung, Ausweitung des Körpers entstandene Spannkraft. Entfernung (innerhalb eines Körpers oder einer zusammengehörenden Einheit) bewirkt Anziehung. Planeten (Körper, Materie, entzogen, entpuppt aus dem „Nichts",) halten sich (gegenseitig) in ihrer Bahn, in ihrem magischen (magnetischen) Lauf. Wie sich im Stromkreislauf der positive Pol in den negativen ergießt bzw. dieser magnetischen Anziehungskraft zufließen will, um (Polaritäten auflösend) zu entladen, sobald der Widerstand gebrochen, aufgehoben oder unterlaufen ist (mit welchem „Trick" auch immer), plötzlich fließt der (ein) Strom. Ebenso wirken die beiden Pole im menschlichen Miteinander. Plötzlich hat es zwischen zweien gefunkt. „Es geschieht" unbewusst oder kann bewusst (manipulierend) eingesetzt werden.

Ist die Gleichgültigkeit oder Abneigung eines anderen Menschen (Pols), durch „Ausschalten des Widerstandes" der natürlichen Schutzhülle, gleich z. B. dem Schutzmantel der Erdatmosphäre, erst durchstoßen, erfolgt „Besetzung" durch Durchdringen, Eindringen. Das Neue, Hinzukommende verändert somit das Bisherige. Abwehrkräfte „können" sich nun dort (um ggf. ein Überleben zu sichern) entwickeln, um mit der „Neuen Situation" selbst erhaltend zurechtzukommen. Verschmelzung (Mutation?) kann auf diese Weise stattfinden. Das Neue aus dieser Verbindung, die „gezeugten Nachkommen", Kinder genauso wie z. B. Bewusstseins-Weitungen, können fähig werden, beide Anteile in sich (gehalten durch die neue Polbildung) zu binden.

Eine neue, an sich, in sich selbst arbeitende Verbindung kann sich bilden, durch neue Raum-Öffnung innerhalb dieser Pole. Eine Oberflächenspannung hält den neuen oder sich verändernden (sichtbaren oder unsichtbaren) Körper (Feuchtkörper?), die neue Basis. Eine neue gemeinsame Basis richtet sich dann automatisch aus, auf wieder einen sich neu ergebenden Gegenpol, ruft ihn auf den Plan. Eine endlose Geschichte.

Ist der Weg in eine (gebündelte) „eigene Richtung", erst beschlossen, beginnt sich auch schon, aus der „Ein"-heit heraustretend, durch Öffnung, die Tür zum bisherigen Paradies im Rücken zu schließen. Körper, Gefühle, das Denken, die gedankliche „Einstellung", als Träger polarer Energien, ziehen so mehr und mehr einen Gegenpol an. Innerlich diese Tatsache negierend oder unterdrückend wird der (nun) noch partnerlose Pol immer zwingender Ziel für Einschläge, „Schicksalsschläge". Sich von der Ursache der Geschehnisse zu distanzieren erhöht nur den Druck. Sensible Öffnung für Bedürfnisse der inneren Führung lässt eigene Vervollkommnung zu. Vergleichbar ist ein Handy durch seinen festgelegten Code offen für die verbindende Nachricht, abgesendet, geboren, wo auch immer in der Welt, und zieht sich diese zur Entladung an. Es lädt sich auf diesem Weg auf, was zu ihm gehört.

So genannte Erlöser, Weltverbesserer, z. B. in ihren „guten Absichten", schaffen auf diese Weise ein magnetisches (magisches) Feld, in diesem Fall ein negatives Feld, in das sich die positiven Energien von Mitmenschen entladen und somit zu deren Wohl erlösend auflösen können und/oder zu deren evtl. Schaden ihnen dadurch (auch) verloren gehen. Seien diese Energien (Substanz, Besitz) nun geistiger, seelischer, körperlicher oder materieller Natur.

An diesem Beispiel lässt sich gleich erkennen, dass negativ nicht zwangsläufig mit „schlecht", und positiv nicht zwangsläufig mit „gut" gleichsetzbar ist. Die Pole lassen sich willkürlich besetzen und deshalb jede Heilslehre missbrauchen. Wer dieses Verwirrungsspiel beherrscht, kann ganze Völker absichtlich oder unbeabsichtigt vernichten, während ihm der Applaus sicher ist, weil eine funktionierende Logik, um die keiner herumkommt, ihm Recht gibt. An dieser Stelle wird deutlich, dass das „Unlogische" einzelner „verurteilter Querköpfe", die sich nicht in ein laufendes System einpassen lassen, in solchen Fällen in Wirklichkeit mit einem ausgeworfenen Rettungsanker vergleichbar sein kann.

Bildhaft verständlich ließ die Technik erkennen, dass sie ebenso zum Heil wie zum Unheil, zum Missbrauch, einsetzbar ist. Entscheidend ist deshalb im einzelnen Fall die „Reinheit" einer innermenschlichen Motivation des oder der Urheber, die „Geburtsumstände". Schlagworte sind weise und schwarze Magie. Wobei extreme und egoistische, soll heißen menschbesetzte (durch Identifikation, Infizierung) Erlöserabsichten dieses Mensch sein, diesen Menschen oder diese Menschengruppe ebenfalls voll einem negativen Pol (Magneten) mit unterwerfen und damit die eigene menschliche Vernichtung (beim Entladen gewaltiger Energiebündelungen durch Zusammenprall) in Kauf nehmen (müssen).

Da uns – noch in der Lernphase – in dieser verwirrenden Komplexität, im täglichen Einzelfallerleben, die klare Unterscheidungskraft fehlt, erreichen bzw. erleiden wir oft das Gegenteil des Angestrebten. Mag man das nun Karma nennen oder schlicht Ursache und Wirkung oder wie auch immer. Geht es doch darum, verstehen zu müssen, um bewusst etwas ändern zu können. Scheitern drängt uns, weiterzusuchen.

Je fanatischer der Zug in eine das Paradies versprechende Richtung (Pole-Bildung, also Täter und Opfer zugleich), z. B. der Drang zum Unsterblichen, Göttlichen, zum Oben, zum luftigen Geistigen, himmlischen Feuer, den Geistesblitzen, desto größer die Diskrepanz zum Gegensätzlichen, zur Opposition. Der Abstand vergrößert sich, der Entladungszug spannt sich an, verstärkt sich zum verbundenen Unten, Sumpfigen, gefühlsmäßig Abhängigen, zum irdischen Vergänglichen, Gebrechlichen, Niedrigen. Es drängt (wieder) zusammen, was zusammengehört, zurück in eine geschlossene Einheit.

Je höher z. B. eine Pflanze wächst, sich ihre Krone oben ausweitend zum Himmel streckt, desto zwingender muss die Bodenarbeit in die Pflicht genommen werden, damit die Pflanze stabil bleibt. Wachstum in eine Richtung fordert Verantwortungsübernahme für die andere oder mindestens die Akzeptanz oder Inkaufnahme aufbauender Kräfte der Gegenseite. Die Natur schafft sich ihren Ausgleich auf der pflanzlichen wie menschlichen Körperebene, genauso wie auf der Denkebene, einer ideologischen Ausrichtung. So wird es verständlich, dass eine angestrebte (selbst erhöhende) Erlöserrolle (Helfersyndrom?), eine einseitige Ausrichtung oder Unterwerfung an eine göttliche Vollkommenheit, auch die Rolle des Geringsten, eines Außenseiters, eines außen Vorgelassenen, eines dadurch Benachteiligten, den oder das zu Erlösende, einbeziehen muss. D. h., dass evtl. dafür die Rolle des als Sündenbock „missbrauchten" Opfers mit auf den Plan gerufen wird (Wehe dem, der die Geister ruft). Es verständlicht auch den Bibeltext: „Wer sich selbst erhöht, wird erniedrigt werden" und umgekehrt. Man könnte auch sagen, wer sich selbst vollkommen und ausschließlich zum unsterblichen Gott erhöht, verliert dadurch (gewollt?) sein sterbliches menschliches Leben mit seinen notwendigen existentiellen Bedürfnissen. Als Vollstrecker eines Ideals übergebe ich, opfere ich gleichzeitig (mein) Menschenleben. Daraus könnte man schließen, einer Vollstreckung eines Ideals im Namen eines Volkes kann demzufolge ein ganzes Volk zum Opfer fallen.

Zwischen zwei Welten

Noch einmal zurück zu der Stelle, an der sich die Tür zum Paradies im Rücken zu schließen beginnt. (Siehe voriges Kapitel, dritter Absatz). Davon ausgehend, dass mit der 12-Teilung eines Kreises ein Ganzes erfasst ist, wäre alles, wie bei einem Kuchen (Brot, Leib), spätestens nach dem zwölften Stück zu Ende. Käme man nicht auf die Idee, dass vor oder beim Verspeisen des letzten Teiles ein neuer Kuchen, ein neues Rund, ein neues Leben vorzubereiten, zu backen oder einzuleiten ist. Die Natur mit ihren treibenden, Leben erneuernden Kräften wirkt auch zwingend in uns und durch uns Menschen. Im Märchen Dornröschen springt so die 13. Fee in den Kreis und kündigt das Ende, den Tod an, noch bevor die 12. Fee zu Wort kommen kann. Dadurch wird die 12. mit einem ganz neuen Thema, mit ganz anderen Dimensionen konfrontiert, die die bisherigen Lebensweisen unwichtig, weil unhaltbar werden lassen. Sie, die 12., ist „angehalten", sich ernsthaft mit Möglichkeiten des Hinüberrettens zu beschäftigen. Dazu befähigt kann sie das drohende Urteil mildern, das Leben erhalten.

Wie im Kleinen, so im Großen. Zwischen zwei Zeitaltern ist das neue bereits eingeläutet, während das alte noch nicht abgeschlossen ist. Neue Qualitäten, Bedingungen fordern bereits ihr Lebensrecht, während Altem der „krönende" Abschluss, der geistige, geistliche Segen noch zusteht. Zeit relativierend können so ganze Menschenleben einer solchen Übergangsarbeit gewidmet sein. Sich eher mit Hintergründen, Untergründen beschäftigend, treffen jene oft unverstanden und unbestätigt auf eine sich nur am „vollen" Leben orientierende Masse, so lange, bis diese sich selbst erdrückender Anzeichen nicht mehr erwehren kann.

Wenn sich eine Tür also (zum Paradies) im Rücken schließt, unabhängig von einem körperlichen Tod, besteht bereits der neue „Grund". Ein Durchgang führt von einer Wirklichkeit in eine neue. Jeder, der an seinem individuellen Weg arbeitet, an seiner Selbstverwirklichung, trägt zur gesamten, einer kollektiven Weiterentwicklung bei. Das Tierkreiszeichen Fische als 12. Zeichen im Horoskop/Himmelsrund entspricht so qualitativ dem Fische-Zeitalter und damit den letzten 2.000 Jahren. Es kann so insgesamt in ein „sich befassen mit einer anderen/neuen Welt" eingeordnet werden. Aussage: Mein Reich ist nicht von dieser Welt.

12–Teilung eines Rund, eines Kreises.
Ein kleines Zahlenspiel, ein Aufteilungsschlüssel.

Gerade (schon) durch die Teilung, (in mindestens zwei Seiten) wurde nun die haltende, verbindende Kraft der Pole, einer Einheit erkennbar.

Kräfte (ver) Bindungen – Aspekte

Opposition (180°)
In einem Jahr bzw. einen Kreis zweigeteilt, geht man (auch die Sonne) in 6 Monaten oder der ersten Hälfte hinaus ans Ende, der „anderen Seite" (siehe dazu Saturnprinzip), und in der zweiten Hälfte, den folgenden 6 Monaten, zurück zum Anfang.
Eine Kraft bewegt sich (in diesem Fall also) in einer Opposition. Wir stellen uns dabei eine Linie von einer Seite zur anderen vor. Die zwei Seiten haben eine gemeinsame Mitte. Anders gesehen öffnet sich eine gemeinsame Mitte in zwei Richtungen, oder ein und dasselbe Thema zeigt sich aus verschiedenen Perspektiven. (z. B. innen – außen oder Sommer – Winter) Ein

Hin und Her, ein Ausloten. Ver-mitte-ln ermöglicht eine Zentrierung des Ganzen.

Quadrat (90°)

Komplexer und scheinbar unvereinbar zeigen sich Kräfte, die keine gemeinsame Mitte haben. Wie zwei Menschen, die jeweils geschlossene Einheiten eigener Interessensgebiete auf Kosten des anderen durchsetzen wollen, oder zwei oder mehrere Bedürfnisse (Planeten/Welten), denen man gleichzeitig und voll gerecht werden möchte, mathematisch wie zwei (oder mehrere) Linien, die im Quadrat zueinander stehen. Die verschiedenen Seelen, die in einer Brust schlagen. Wie zwei (oder mehrere) Leben, die –mit unterschiedlichen Themen – nebeneinander stehend, gleichzeitig um die Kräfte zur jeweiligen Selbstverwirklichung (Kampf-Planet Mars) kämpfen, oder wie zwei oder mehrere ganz verschiedene Essenzen gelebter Leben, die nun verbindend unter einer gemeinsamen Ich-Instanz (wieder) einer Einheit zugeführt werden sollen. (Nebenbei: Nacheinander gelebt, könnten sie theoretisch mehrere sich artfremd begegnende Leben füllen)

Das Quadrat mit seinem ihm innewohnenden unvereinbaren Kräftewiderstreit kann (kämpferisch schöpferisch) eine Möglichkeit finden, die beiden gerecht wird, einen dritten Pol, eine Möglichkeit die ein (übergreifendes) gemeinsames Thema findet, an dem beide arbeiten können. Eine Öffnung in eine Richtung, die die Kräfte bündelt, kanalisiert, verbündet, harmonisiert für einen gemeinsamen neuen, dritten Weg, der beide befriedigt (Analog finden in einem Kind Unvereinbarkeiten der Eltern eine neue gewonnene Einheit).

Sextil (60°)

Ein Herausfinden aus einem Widerstreit eines Quadrates zeigt sich mathematisch in einer Möglichkeit, das Quadrat (90°-Winkel) mit seinen Schenkel z. B. zu verkleinern zum Sextil (60°-Winkel). Eine Annäherung der „Linien", um zur Entspannung zu kommen, zur Entstreitung, zur Harmonie, erreicht das „Talent" dieses kleineren Winkels. Analog zieht innerhalb des umkreisenden „Kampf"-Planeten Mars der Planet Venus seine Bahn in einem engeren Kreis.

Trigon (120°)

Das Quadrat kann sich ebenso mathematisch aus seinem 90°-Winkel heraus zu einem 120°-Winkel vergrößern, dem Trigon, womit sich die „Linien" auch angleichen. In den Bildern der Planeten würde das einem größeren Schritt entsprechen, einer Öffnung zu einer zusätzlich noch weiteren Planetenbahn, außerhalb des Mars liegend, einer größeren Weite (Weitsicht), größeren Fülle, einem Talent zu einem größeren Ganzen, einem größeren Rund, zum Planeten Jupiter.

Halbsextil (30°)

Zwischen Sonne (1) und Mond (2) als die subjektiv uns als Mittelpunkt (0 bzw. 0°) umkreisende Lichter-Einheit und dem genannten traditionell äußersten erfassten Planeten Saturn (7) kreisen noch weitere entdeckte Planeten in ihrer eigenen Bahn: Merkur (3), Venus (4), Mars (5) und Jupiter (6). Mit dieser Siebener-Einheit, aus der auch die Einteilung der Wochentage herrührt, entstanden so, wie mit einer Art Zirkel abgegrenzt, jeweils dazwischen sechs unterscheidbare Qualitäts-Bereiche, von innen nach außen, eine Sechser-Einheit. Bereich 1 mit Sonne (Tag, männlich) bzw. Mond (Nacht, weiblich) mit unserer Erde (Keim / Kind / sächlich) als Mittelpunkt, Bereich 2 mit der einfließenden Qualität des Merkur, Bereich 3 mit Venus, Bereich 4 mit Mars, Bereich 5 mit Jupiter und Bereich 6 mit Saturn.

Auf diesem Weg – beschreibt man einen Halbkreis zur anderen Seite – öffnen sich damit sechs 30°-Winkel (180 geteilt durch sechs). Das enthält: Sechs Teilschritte ergeben eine (Lern-)Einheit eines Prozessablaufes bzw. Prozessdurchlaufes, bevor der nächste Ablauf unter anderen „Vor"-zeichen richtungweisend folgt. Im Wechsel folgt einem Hinausgehen (zur anderen Seite) ein Hereinkommen (zurück zum Ausgangspunkt). Der zweite Sechser-Schritt (der damit zu einer Zwölfer-Einheit führt) beginnt seinen Weg dann außen (Saturn = Erklärung an anderer Stelle) und führt wieder (nach innen) zurück, schließt (wieder) mit dem zweiten sechsgeteilten Halbkreis einen Rundlauf zurück zum Anfang oder hin zur Sonne (bzw. hin zur Sonne/Mond Lichtereinheit und deren subjektivem Mittelpunkt, der Erde; der Erde die hineingeworfen ist in diese Polaritäten von Positiv und Negativ).

Sechser-Einheiten bildhaft dargestellt:

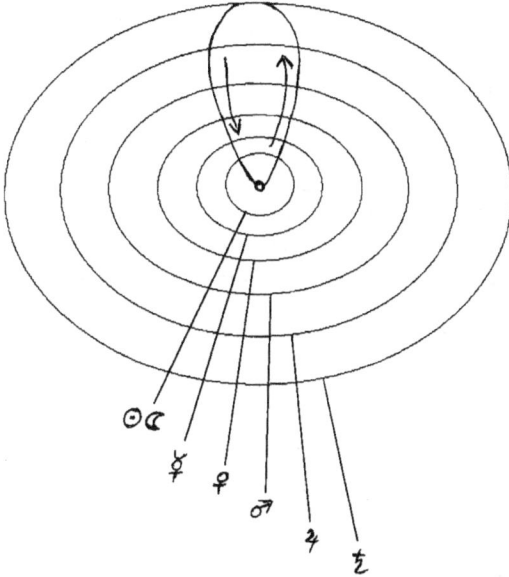

6 Felder, Bahnen (6 Monate hinaus, 6 Monate zurück)
Arena (Oval), Olymp, Kelch, Gral

Hauptorgane (subjetiv = persönlich = persönliche Planeten):
☉ Sonne – Entsprechung z.B. Herz (Tierkreiszeichen Löwe)
☾ Mond – Entsprechung z.B. Magen/Bauch (Tierkreiszeichen Krebs)
♄ Saturn – Entsprechung z.B. Form, Körper, äußere Haut = größtes Organ,
      Herr (Herrin) der Ringe (Tierkreiszeichen Steinbock)

7 + 6 (Kreis und Zwischenfeld in ständigem Wechsel, „kleinen" Wellengang) = 13 verdeutlicht hier (im Bild, subjektiv) Ende und Anfang; Unglück bzw. Glück vor der „großen" Wende; die Umkehr von außen wieder nach innen oder auch von innen nach außen; Rückzug oder Hinaus-
brechen (der Wellen) in einen neuen, gewandelten Wellengang, ein
neues, fortschreitendes Muster. Die Wasser (Meere) erheben sich, tun
sich an einem solchen großen Umsturz, Umbruch auf. Ein Ozean gibt mit
einem sich „anhebenden Stab" (Geschichte von Moses) für einen (kosmischen) Augenblick, in einem gewaltigen Naturschauspiel, „Wunder"-

baren/reinen „Zauber"(-trick) den Weg (Öffnung, Durchgang, Atlantis?),
eine gesandte (Himmels-)Leiter, eine Unter-Stützung der (inneren) auf-
„Recht"-en Haltung durch das Außen, das Oben (Himmel), einen Weg
ins Licht auf die sichere Seite für ein schnelles zielorientiertes Hindurch-
schreiten (so wie für das gerettete Volk unter Moses) frei, – um unwissende Nachahmer, unkoordinierte Verfolger, Unreife (Triebe) unvorbereitet kalt zu erwischen, wenn die Wasser mit dem sich „senkenden
Stab", schließenden Vorhang (der Verlockung), im Schlangengang einer
Endlosschlaufe (einer Acht, 8), von „oben" zurück „donnernd" diese
(Bewusstseins-)Straße, das kurze Zeitfenster vorbehalten für Reife, Vor-
bereitete, wieder (in tosende Dissonanz, Verwässerung zurückfallend)
schließen.

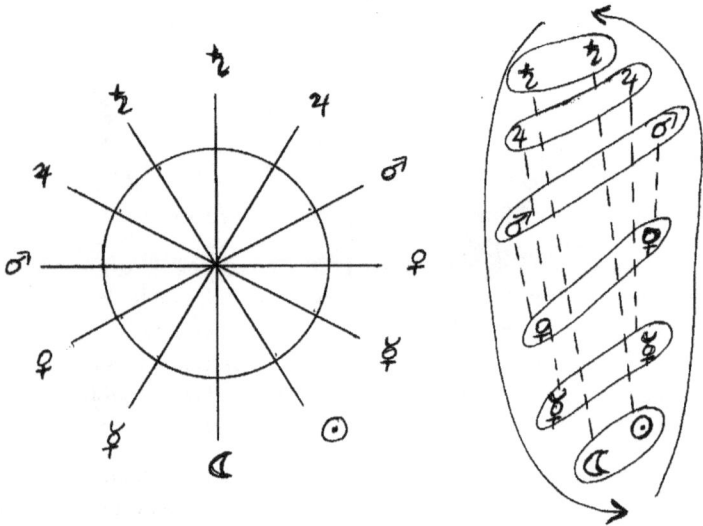

1. 6 Achsen, Monatspaare, Oppositionen
2. 6 Paare, jeweils Ausgangs- und Eingangsbahn, Parallelen

2 x 6 Qualitäten (Teilschritte) = 12 Tierkreiszeichen

Zu neuem Bewusstsein, einem kleinen Denkschritt, bringt immer schon der erste Schritt, den man wagt. Zunächst wäre das ein Schritt von der Sonne zu Merkur, und damit übertragen auf jeden anderen Fall also ein 30°-Winkel. Man kann sich den Schritt durchaus bildhaft mit den eigenen Beinen vorstellen. Parallelen (zwei Linien/Ströme, Yin und Yang, männlich und weiblich) öffnen sich zu einem (ersten) Winkel.

Quincunx (150°)
Um von innen zum äußersten zugehörigen Qualitätsabschnitt zu gelangen, bedarf es somit einer Winkelöffnung von 150°. Himmelstechnisch entspräche das dem Qualitäts- oder Einzugsbereich des Saturn. Ein großer Bewusstwerdungsschritt, der auf den Faktor Zeit bezogen, als große Entwicklungsstufe viel mehr Geduld, Zielstrebigkeit, Durchhaltevermögen etc. voraussetzt. Der angestrebte Erfolg, das Ziel mit der daraus erwachsenden Erkenntnis, wird bestenfalls langfristig sichtbar.

Und doch. So wie der äußere kreisende Planet eines Systems, auch wenn er noch nicht erreicht ist, trotzdem bereits einen Teil des zusammengehörenden Rund darstellt, so ist das von mir noch nicht erreichte, weit in der Ferne sichtbare, das Ziel, bereits ein Teil von mir, obwohl ich noch auf dem Weg dahin unterwegs bin.

Anzumerken wäre bei den letzten beiden, bei Halbsextil und Quincunx, dass sie als erweiterte Winkelgrößen erst durch weitere, feinere Unterteilungen größerer Winkel oder eines Ganzen zustande kommen und damit Bewusstsein erweiternd neue Denkanreize bieten. In der Entwicklung der Menschheit greift ebenfalls „bewusstes" Erkennen und Verstehen erst später. Beispiel: Durch Saat (1. Schritt) und Ernte (2. Schritt) ermöglicht sich uns ein neues Verständnis (3. Schritt). Oder anders erklärt:

Während mit Opposition und verschärfend dem Quadrat (= rot/kardinal), durch (Primär-)Teilung (Paradiesverlust), Konfliktbewältigung angestrebt ist, zielen Sextil und Trigon (= blau/fix) nach Bündelung, Harmonisierung, Substanz.

Aus diesen sich ablösenden (grob abgesteckten) beiden Bereichen „gebiert" sich das daraus zu Lernende, ein Drittes (also Halbsextil und Quincunx = gelb/veränderlich).

Verstanden und „Abgeschlossen" lässt sich aus einem gewordenen Rund (oder den drei Grundfarben = Dreier-Einheit) so eine neue Öffnung wagen, ein Neubeginn, ein neuer Prozessdurchlauf, in einem anderen anfallenden Entwicklungs- oder Erkenntnisbereich.

Geburten
– aus dem Nichts bzw. der Konjunktion (0°-„Winkel")
Die „Versuchung" oder verallgemeinert das Öffnen einer entdeckten Tür durch Erkenntnis, mit einhergehendem Verlassen einer Unkenntnis, eines (erreichten) alten Zustandes, Paradieses, einer geschützten Einheit, eines Leibes (Konjunktion), läutet eine (Neu-)Geburt ein. Unterscheidungsvermögen wird da-

bei (in einem Bereich) aktiviert. Es nützt nichts mehr, die Unterscheidungsmerkmale („mit einem Blatt") zu verdecken. Ein normaler Prozessablauf. Er entbehrt jeglicher Schuld. Aus einer Einheit, etwas Vorhandenem, wie z. B. bildhaft beschrieben, einem Pflanzentrieb/-stil (= Wirbel-Säule), will etwas Neues, eine neue Rippe, eine Knospe, ein Blatt, ein Seitentrieb hervorkommen. Ein Schnitt, Lebensabschnitt, Einschnitt, Geburtsschmerz, eine Veredelung, Krönung des Bestehenden. Das Neue, Ströme, Säfte, Leben, ist aufgefordert, diesem Punkt oder Schmerz entgegen-, über ihn hinauszuwachsen, um zu werden.

Zwischeneinfügung zum Thema Wirbelsäule: Die Planeten unseres Systems lassen sich aneinander gereiht mit einer Wirbelsäule vergleichen. (Skizze nächste Seite) Da wären Sonne, Merkur, Venus, der unsere Erde umkreisende Mond, Mars, Jupiter, Saturn. Ergänzend folgen außerdem noch Uranus, Neptun und Pluto, unsere drei später entdeckten äußersten Planeten. Die Planeten, weite Kreise ziehend, umrunden subjektiv unsere Erde mit den zwei Lichtern Sonne und Mond, sozusagen einen Mittelpunkt mit zwei Strahlern. Sonne und Mond also in der Mitte der Wirbelsäule annehmend, reihen sich die anderen Planeten, wie Tag und Nacht, sowohl nach oben als auch gleichermaßen nach unten an. Wie oben, so unten. Da die Planeten als Herrscher bestimmten Tierkreiszeichen bzw. den damit identifizierten Qualitäten zugeordnet werden, eröffnen sich hier Möglichkeiten medizinischer Astrologie. Mit diesem Werkzeug werden auch die Energiebahnen in der ihnen eigenen Art besser verständlich. Unterstützung für eine optimal fließende Energie, die den Menschen in seiner Ganzheit erfasst, bekommt hier eine Chance.

Wirbel-Säule und Mensch
Mensch im Kerngehäuse, abgekapselt
Abbild unseres Planetensystems

100

Energieströme durchfließen uns nicht nur zwischen ähnlichen Bereichen, sondern auch zwischen Artfremden. Ströme lassen sich (analog) erfassen auf:

1. Der zweidimensionalen Ebene sowohl im geschlechtlichen Bereich (männlich-Mars und weiblich-Venus), schwarz-weiß Denken, als auch in den Intelligenz bildenden Faktoren, des (theoretischen) Kombinationsdenkens (Merkur) und des bildhaften Denkens (Jupiter), das sich praktisch, an realen Bildern, orientiert.

2. Der dreidimensionalen Ebene. Dort sowohl im Persönlichkeitsbereich, Vater (Sonne), Mutter (Saturn), Kind (Mond), Grundfarben rot blau gelb, als auch auf der darauf aufbauenden geistigen Ebene mit den Gesetzen: Der Schöpfung der perfekten Welt (Uranus), denen der Liebe (Neptun), und da hindurch denen zur Vervollkommnung des Menschen, mit Übernahme von Macht im Dienste der Schöpfung (einschließlich aller Menschen), deshalb echter Menschwerdung (Pluto). Im kirchlichen Bereich fußt die Dreifaltigkeit auf diesen Wurzeln, um den Menschen dieses Heil zu bringen. Im weltlichen Bereich sind das die Menschenrechte, die ständig neu überdacht werden. In den persönlichen Bereichen sind das eigene erkannte Werte. Gebrauch und (unbewusst?) Missbrauch zum eigenen Vorteil oder Nachteil gehören auch hierhin.

3. Der vierdimensionalen Ebene. Als Herrscher über die vier Elemente übernahm der Mensch nun zunehmend die Herrschaft über die Welt und entdeckte auch typspezifische Zuordnungen, Temperamente, in Bezug auf den Menschen bzw. seinen Körper.

4. Der fünfdimensionalen Ebene. Der Einstieg in diese fünfte Dimension bringt eine neue Wende oder Erweiterung in der menschlichen Entwicklung. Wohin führt sie? Oft bringt es weiter, sich einfach an Bilder zu halten. Man nehme ein Würfelspiel und würfle die Zahl vier. Vier Punkte, gleichwertig verteilt, rufen die vier Elemente ins Gedächtnis. Und nun zur Würfelzahl fünf. Zu den vier Punkten tritt nun ein zusätzlicher aus ihrer Mitte deutlich hervor. Eine innere Führung, ein Motor der vier Elemente. Dieses Würfelbild nun auf sich selbst bezogen bringt zum Ausdruck: Alles speist sich aus sich selbst. Alles führt und fließt aus der eigenen Mitte. Die Energien strömen hinaus und fließen uns wieder zu. Dieser Kreislauf, der überall „All"-gegenwärtig ist, lenkt die Sicht in die Seele der Sache, die Seele der Person, hin zum Seelenbewusstsein, zur gesetzten Ursache, zum gesteckten Ziel des zugrunde Liegenden.

Staus in den Energiebahnen können, so gesehen, auf verschiedenen Ebenen entstehen, und finden deshalb auch auf verschiedenen Ebenen Heilung bzw. eine Fließöffnung. Verschiedene Richtungen in der medizinischen Versorgung zeigen ihre Berechtigung und fordern ein Ineinandergreifen, sobald verschiedene Bereiche aspektarisch verbunden sind.

Und damit wieder zurück vor die Zwischeneinfügung, um dort wieder anzuschließen.

Geburten stehen ständig an, in verschiedensten Bereichen, feinstofflich, gefühlsmäßig und mental ebenso wie großstofflich – körperlich. Alles wächst ständig, Neues hervorbringend, weitet sich, dehnt sich aus. Altes fällt zurück in die Vergangenheit, fällt ab und „schwebt" doch weitertreibend, in unseren Augen sterbend, weil unserem Blick entgleitend, (uns) voraus in die Zukunft. Es löst sich also scheinbar auf, wird diffuser, entschwindet unserer Wahrnehmung (unserem alltäglich greifbaren Gedächtnis), in einen für uns nicht mehr sichtbaren, völlig offenen, einen „Schwere"–losen Zustand. Und doch fließt es genau dort zurück, dem Gedächtnis zu, dem Ausgangs-Punkt (Urpunkt), strebt oder fällt in die „Geschlossen"-heit, die gesättigte Einheit der Konjunktion. Wie ein weit geöffneter Winkel, der sich auf der „anderen Seite" wieder schließt, verdichtet sich alles so „endlos", wie sich dieses „All" endlos weit entwickelte bzw. öffnete. Einsetzende Starre entmaterialisiert sich, kehrt (sich) um, gibt sich, gibt die „frei" werdende Energie (wieder) dieser Konzentration, dem Vollkommenen (Bewusstsein) hin, in diesen, in diesem Kreislauf der Schöpfung, die ständig alles neu werden lässt.

Die sich bündelnden Energien, gelösten Elemente, verdichten sich dort erneut zu einer Einheit bis zum Erreichen der kritischen Masse, geraten einem aufzufüllenden Raum gegenüberstehend, in „Erfüllungs"-Druck. Sowohl als Urknall denkbar als auch in allen Bereichen des Lebens ein Zeichen einer anstehenden Neugeburt, die aufgenommen (angesaugt?) von dem nun wieder zur Verfügung stehenden Platz, sich materialisierend, die Elemente dort (in individuellen Mischungsverhältnissen) sichtbar entfaltet.

Die Welt lebt fort von Gegensätzen, die sich (chemisch) verbinden. Am Anfang steht sich bereits mit Himmel und Erde ein Paar gegenüber, zwei Räume, die ganz Unterschiedliches beinhalten, und doch eine Einheit darstellen. Scheinbar nichts, Luftiges, befindet sich im Raum auf der einen Seite, subjektiv oben, und ein Wasserkörper auf der anderen Seite, unten. Danach kristallisiert sich oben, aus dem Nichts, die Sonne, ein Feuerball heraus, unten setzt sich feste Masse von Flüssigkeit ab. Oben und Unten, diese beiden Felder zeigen nun, dass sie ihrerseits aus jeweils „zwei Seiten" bestehen. Sie enthalten jeweils eine Verbindung aus zwei Elementen. Man könnte sie nennen: Luftoder Geistfeuer und Wasser- oder Eismaterie. Jeweils von einander getrennt, gespalten bzw. geöffnet in zwei Oppositionen, entsprechen nun diese Elemente einer bzw. der Vierheit (Quadrat). Unsere Welt untersteht somit den Gesetzen dieser vier Grundrichtungen oder Eckpfeiler. Dem Menschen als Ebenbild dieser seiner Schöpfung sind folgerichtig diese vier Grundqualitäten (in unterschiedlicher Gewichtung) zu Eigen. Zum besseren Verständnis für das oder unser Leben bietet eine solche Auf-Schlüssel-ung uns eine bessere Möglichkeit, Grundsätzliches besser verstehen zu lernen, weil wir dann damit bewusst arbeiten, jonglieren, mittun können in kleinen Bereichen.

Luftelement
Mögliche Zuordnungen: Leichtigkeit, Flüchtig, Schweben, Abheben. Ein Element aus dem oberen Bereich = Aktives Element.

Feuerelement
Mögliche (Aus-)„Wirkung": Aufheizen, Antrieb, Aktion, etwas in Gang bringen. Ein Element aus dem oberen Bereich = Aktives Element.

Wasserelement (Eis)
Zuordnen kann man: Treiben lassen, Hinschmelzen, Loslassen (löslich). Ein Element aus dem unteren Bereich = Passives Element.

Erdelement
Darstellungsmöglichkeiten: In einer Form halten, festhalten, stabilisieren, Schwere, absinken.
Ein Element aus dem unteren Bereich = Passives Element.

Aktive Elemente
Im oberen, aktiven Bereich also die beiden Elemente, die sich nach oben bzw. außen ausrichten, eine Fliehkraft.
Passive Elemente

Im unteren und damit passiven Bereich die beiden Elemente, die sich nach unten bzw. innen ausrichten, eine Schwerkraft.

Zwei Aktive stehen oder treffen auf zwei Passive, streben auseinander und halten sich doch.

Der Mensch, ein Ge-„Bild"-e aus Elementen

Überträgt man diese Elemente wie auf eine Schnur gefädelt auf den menschlichen Körper, so erhält man vier Bausteine oder Körperbereiche, die untereinander hängen bzw. aufeinander zu stehen kommen. Von oben nach unten reihen sich da (in ihrer Priorität) aneinander: ein Luftkörper, ein Feuerkörper, ein Wasserkörper und ein Erdkörper.
Ein Luftkörper ganz oben, der Kopf, in dem „Luftiges" zu Hause ist, das sich einschwingende bewegliche Denken. Darunter der Feuerkörper, der Brustkorb, in dem das Herz bestimmt, sprunghaft (nur) das dem Denken weitermeldet, wovon es entfacht wird, ein intuitives Denken. Darunter, der Wasserkörper, der Bauch, der steht und fällt mit dem Wohlbehagen, ein Gefühlsdenken. Und zuunterst der Erdkörper, der alles stabil haltend jeden Schritt abwägt, bevor der Fuß dann aber auch meist sicher aufgesetzt wird. Ein verzögertes, dichteres, ein erdiges sich am konkreten orientierendes absicherndes Denken.

Lebensformel, Lebenskette

Oben aktive, unten passive Elemente. Aneinander gekoppelt hält sie eine „magische" Kraft. Aktive und Passive bilden, aneinander geraten, einen Doppelmagneten, eine doppelte Abhängigkeit. Anders ausgedrückt: Ein männliches Geschwisterpaar oben (Vater und Sohn?) verbindet sich mit einem weiblichen Geschwisterpaar (Mutter und Tochter?) unten. Entscheidend: „Die Chemie" muss (mindestens) zwischen zweien stimmen, einem männlichen und einem weiblichen Muster. Hitze und Kälte treffen da aufeinander, das aktive Feuer schlägt ein in das passive Eis (Wasser). Man könnte dieses Paar „Eisfeuer" nennen. Feste sichtbare Erde (passiv) findet zu schwereloser, unsichtbarer Luft (aktiv); ich nenne das Paar jetzt einmal „Geistmaterie". Der luftige Geist, der zum (Bruder) Feuer gehört, drängt in die Materie, bindet sich so z. B. an das weibliche Erdelement. Die jeweils aktiven Seiten eines Paares binden sich dadurch logischerweise gleichzeitig an die passiven Seiten oder Elemente des anderen Paares, da die passiven ja auch Geschwister sind. Doppelbindungen liegen nun vor. Übertragen auf das Spiegelbild Mensch gibt es dann eine Verbindung aus Teilen, die (bewusst) eingegangen wird, aber auch einen Verbindungsstrang, bestehend aus Teilen, die auch dazu gehören (Unbewusstes? Kinder? Eltern?) und ihr Recht fordern.

Alles lebt weiter aufgrund ständiger Drehungen

Magnetische (Ver-)Bindungen, als Grundausstattung alles Lebendigen, sind, einmal in Gang gesetzt, durch die ständige Drehung der Erde um die Sonne gefordert, ihre Pole immer wieder neu auszurichten. Permanent erzeugen sie dadurch Strömungen, neuen Lebens-„Strom", bringen alles zum Fließen. Auf dem Weg der Drehrichtung verliert sich ein alter Zustand, drängt in einen neuen, erreicht ihn schließlich. Dann beginnt das Spiel von vorne. Die schon an anderer Stelle beschriebenen drei Motivationen (3 Glaubensrichtungen?) lassen sich dabei in dieser Reihenfolge unterscheiden:

1. Das veränderliche Prinzip, das sich (aus Einsicht) vom Bestehenden löst, sich sensibel, flexibel, neu orientiert.
2. Das kardinale Prinzip, das ein neues Ziel vor Augen, diesem zustrebt, das Notwendige aktiviert, alle Hebel in Bewegung setzt, um es in Angriff zu nehmen.
3. Das fixe Prinzip, das den erstrebten Zustand herstellt, ihn in eine Form bringend, nutzt.

Diese „Drei"-heit auf Menschen übertragen ermöglicht es diesen, sich „diese Arbeit" zu teilen und sich, je nach eigener Motivations-Ausstattung für eine zu entscheiden. Manche Leute eignen sich besser für die Ideenbildung, die Planung, manche für die Organisation, andere schließlich für die Herstellung, das Fertigen.

Die Verbindung aus den vier verschiedenen Elementen ist also in ganz unterschiedlicher Gewichtung für die drei verschiedenen Entwicklungswege einsetzbar. Das ermöglicht Menschen, ihrer inneren Motivation (3-Heit) aus vier grundsätzlich verschiedenen Denkrichtungen nachzukommen, also auf vier verschiedene Art und Weisen an eine Sache heranzugehen (4-Heit). Bei vier mal drei Grundmöglichkeiten lassen sich zwölf verschiedene Grundtypen benennen. Diese 12-Heit (Zählmaß: Dutzend) als ein Gesamtbild, ein vollkommenes Rund, ein Kreis(-Lauf) begegnet uns immer wieder. Z. B. sind da die zwölf Monate, die zwölf Stunden auf dem Zifferblatt einer Uhr, die zwölf Jünger um die gesetzte Mitte ebenso, wie das Rund der zwölf Tierkreiszeichen am Himmel, die zwölf goldenen Sterne auf blauem Grund auf der Europaflagge usw. Ein bildhaft dargestelltes System dieser Ganzheit, in dem man sich noch dazu selbst orten und damit besser verstehen lernen kann, ist das Horoskop. Ein Kreis zeigt wie ein Rad, das weiter rollt, aneinander gereiht diese 12 Grundtypen mit den dem Horoskopeigner jeweils zur Verfügung stehenden „Werkzeugen". Motivationen, Vorgehensarten,

Stärken, Hindernisse, Angebote, die bereitstehen. All das lässt bei gleichzeitiger kritischer Selbsthinterfragung Anstehendes besser begreifen. Gesellt sich zu Verstandenem die erlösende innere Bestätigung oder umgekehrt, klärt sich die innere Unsicherheit erlösend durch das Aufgezeigte, erhält man das notwendige Maß, innerlich gefestigt zu handeln, d. h. den nächsten Schritt im Einklang mit sich selbst klar zu setzen.

Konkret zeigen sich in einem Horoskop die vier Elemente Wasser – Feuer – Luft – Erde also dreimal aneinander gereiht. Einmal mit veränderlicher Motivation, danach mit kardinaler und schließlich mit fixer Handlungsrichtung. Dabei sind diese Felder ganz individuell besetzt mit den zur Verfügung stehenden Werkzeugen, z. B. den Planeten.

Die drei Motivationen zeigen sich auch im Ablauf der Natur entsprechend. Sie lässt gegen Ende des Jahres von dem Hervorgebrachten, dem Erreichten ab, um sich im Folgenden neu zu orientieren (veränderlich). Mit dem Frühling sprießen dann die „neuen Pläne" kraftvoll hervor, schießen ins Kraut, bereiten den Fruchtansätzen den Weg (kardinal), damit diese dann, übernehmend, das Angestrebte bis zum Ausreifen ausbauen können (fix).

Es ist hier nicht das Anliegen, Astrologie zu lehren, eher verdeutlicht sie sich permanent selbst als grandioses Werkzeug alter Kulturen, das als Schlüssel zum Grundsätzlichen dient. Um einen Kern liegen in einem Horoskop alle Elemente mit ihren möglichen Handlungs- bzw. Erlebensspielräumen. In Abschnitte, gleich denen unseres Körpers aufgeteilt, zeigt sich die gesamte Grundausstattung. Eine Momentaufnahme zu Beginn eines natürlichen Prozesses (Geburt) hält den prägenden Ur-Grund fest. Die Aufnahme gibt sich in dem, was sie uns dann als Leben abspult, wieder. Alles ist erfasst, von Kopf bis Fuß, von Anfang bis Ende, an das sich der neue Anfang wieder nahtlos anfügt, gemäß dem zugrunde liegenden Kreislauf. Mögliche eigene (manuelle) Feineinstellungen ändern nichts mehr an der „Ab-

Sicht" der Ablichtung des Grundsätzlichen, am notwendigen innewohnenden, weiterbringenden Sinn. Wache (lichte) innere Einstellung kann Druck ausgleichend ggf. zum eigenen Vorteil eher schalten.

Zurück zu den vier Elementen – ihrem Erlebens- und Erfahrungswert:

Elemente in ihrer Verbindung bereichern sich gegenseitig

Zunächst Zuordnungen zu den zwölf Tierkreiszeichen zum besseren Nachvollzug:

Widder, Löwe, Schütze – Feuer
Stier, Jungfrau, Steinbock – Erde
Zwillinge, Waage, Wassermann – Luft
Krebs, Skorpion, Fische – Wasser

Da die sich selbst erhaltende heilkundige Natur ständig den notwendigen Ausgleich anstrebt, bestimmt ihr „Grad der Not" die notwendige ausgleichende Dosierung der Elemente. Dabei kann ein Element durch ein gleiches gestärkt oder durch ein anderes ausgeglichen werden (müssen).

Wasserelement in Verbindungen
(Sinnübertragungen auf den Menschen).

In einem Frucht-„Wasser"-Körper reift (auch) ein menschliches Wesen heran. Wasser als Träger, als Quelle unseres Lebens. Der Wasserkörper weitet sich, bei o. g. Ge-„Bild"-e (S.105) Mensch aus in den Bauchbereich, den das Gefühl regiert. Die Wahrnehmungen des werdenden Geschöpfes prägt primär der Gefühlsbereich. Eine Nabelschnur von Bauch zu Bauch. Eine Leitung für Nahrungsversorgung, die nicht unwesentlich mit Gefühlen versorgt, die über das Abnabeln hinaus bindet. Erste

Denkvorgänge beim Eintritt in diese Welt werden an die individuelle Erlebniswelt der Gefühle gekoppelt. Grundmuster eigenen Denkens speichern sich ab, noch bevor sie hinterfragt werden können. Wasser hat mit seiner Oberflächenspannung eine „dünne Haut" und lässt sich leicht befruchten, und das in vielerlei Hinsicht.

Wasser und Feuer

Wasser (Gefühl) lässt sich von Feuer erwärmen, auch im übertragenen Sinn zum Kochen bringen, hochbringen, aus der Fassung bringen, es kann als Dampf emporsteigen, sich leicht werdend ausdehnen, sich auf Wolken davontragen lassen und fällt durch Entzug der Wärme wieder irgendwo schwer werdend zurück. Gefühle können also zum Spielball werden. Gleichzeitig kann Wasser das Feuer besänftigen oder es „gesammelt" zurückdrängen oder gar löschen.

Wasser und Erde

Wasser, das „weiche" Element, erweicht die Erde oder kann in ihr ein Zuhause finden, kann sich also in Körpern halten, einem Platz, in den es sich einsaugen kann, der es aufnimmt oder übernimmt und festhält. Wasser macht die Erde fruchtbar, kann sie überschwemmen oder mit sich fortreißen.

Wasser und Luft

Wasser lässt sich von Luft durchsetzen, von seinem Geist durchwirken und beleben, kann ihre Informationen aufnehmen, aber auch annehmen oder übernehmen. Luft kann das Wasser bewegen, aufwühlen, durchpeitschen, austrocknen, aber auch seine Tränen wegblasen.

Erdelement in weiten Verbindungen

Erde und Feuer
Erde kann das Feuer auf den Boden (der Tatsachen) holen, ihm
Schutz bieten oder es ersticken. Feuer kann die Erde erwärmen
oder verbrennen. Feuer kann der Erde das Licht bringen, damit
sie Früchte entwickeln kann.

Erde und Luft
Erde bietet der Luft die Stirn. Erde ist der Luft Tanzfläche, lädt
sie ein zum Fangen spielen, bei dem sie sich selbst erleben kann,
flüstern lernt, sprechen, erzählend reisen kann durch die vielfäl-
tigen Begegnungen. Luft bringt in/auf die Erde neuen Wind,
reist sie auf aus ihrer Ruhe, dringt mit rauer Eiseskälte in sie ein
oder streichelt sie sanft und lässt ihre Gefieder teilhaben am
Tanz.

Weitere Verbindungen

Feuer und Luft
Luft entfacht das Feuer, lässt es hoch auflodern und sich ver-
breiten, hemmungslos werden. Mit dem Feuer um die Wette
laufend können die beiden alles überwinden oder nichts zurücklassen als Asche. Feuer erwärmt die Luft, wird das Feuer
übermächtig, droht es die Luft zu ersticken, aufzufressen bzw. zu
wandeln. Gewinnt die Luft die Oberhand, kann sie das Feuer
ausblasen. Beide „himmlischen" oder aktiven Elemente brauchen Gott sei Dank die Erde und das Wasser für ihr Spiel. Im
Menschen angelegt können sie zum Spiel des Verderbens werden, aber, am eigenen Leib erfahren, zwingend selbst erhaltend,
doch immer wieder zum Spiel des Lebens.

Die individuelle Suche nach dem Glück

Aufgrund ständigen Kreisens der Erde (und der Planeten) ändern sich ständig die Perspektiven. Mit jedem Grad der Drehungen, der Ausrichtung zur Sonne etc. erhöht sich die Vielfalt der Möglichkeiten. Jeder Mensch erlebt deshalb sogar zur gleichen Zeit von seinem individuellen Standort aus gesehen, eine mindestens etwas andere „Sicht der Dinge" als sein Nächster. Das macht verständlich, dass niemand dem anderen gleicht, sondern sein Fingerzeig einen ureigensten Fingerabdruck präsentiert. Erst durch ein Ende der Bewegungen/Drehungen dieses oft verwirrenden Spiegelkabinetts fällt alles zurück in eine Einheit. Das, bezogen auf den/einen Punkt in der Mitte (Mittler). Könnte das als Ergebnis auch eine (Rück-)Führung in eine Sonne, einen „Fix"-Stern erfüllen? Ein Stern, wo es in hellstem ungetrübten Licht keinen Schattenwurf gibt und damit keine (Gefühls-)Schwankungen, keine Polaritäten? Ein Sonnenlicht, das uns (zurzeit) verhängt ist, in das wir mit bloßem Auge nicht einsehen können?

Wie im Außen (erdacht), so im Innen. Eine Innensicht führt in diese Bereiche, die sich während der Suche dort, von diesem „Weltlichen", diesem Umtrieb löst. Eine entspiegelte, eine ego-freie geistige Arbeit und damit Grund-„Ein"-Stellung könnte somit zurück- oder hinführen zu einem Einheitserleben, zu einer Einigkeit, zur Einheit. Das beinhaltet, dass jeder unabdingbar eine Teil-Ausrichtung verkörpert, die in ihrem Wert erfasst, in eine/diese „Rückführung" oder Gesamtsumme integriert werden muss. Gegenseitige Anziehungskraft, „zentrierender" Magnetismus, ist uns dabei eine wichtige, aufmerksam zu wertschätzende Hilfe, die, sobald sie jeweils im Einzelfall in ihrer Ursache verstanden ist, ergänzend in die jeweiligen eigenen Einstellungen, neu prägend/ortend einfließen kann. Wir begegnen uns als Informationsträger, Impulssender und Empfänger (Täter und Opfer), die dabei mindestens unbewusst ständig korrespondieren. Solange wir uns „fort" entwickeln, zielen wir gleichzeitig zurück. Während sich die Sonne in einem Jahr durch die Himmelsbilder vorwärts bewegt, läuft der Frühlingspunkt der Sonne durch diese „Zeichen", wegen der Vorrückung der Erdachse, wenn auch sehr viel langsamer, nämlich in mehr als 25.000 Jahren, rückwärts. Uns vorwärts, hinausbewegend, schwimmen wir ständig gegen den Strom, um permanent Teile des gesuchten Verlorenen glücklich wieder zu finden. Ein ständig neuer Aufbruch.

Reise in ein neues Zeitalter und unsere Politik

Unersättlich strebend nach Zeiten zunehmenden „Wachstums" bzw. permanenter Öffnung, (wahl-)losen Vermischungen (siehe auch Erwähnung bei den „Elementen"), erfahren wir zunehmend eine parallel laufende Übersättigung bzw. Überforderung durch Abbau von Stabilität und Sicherheiten, Auflösung familiärer Bindungen, an Uferlosigkeit, wodurch alles davonfließt, wodurch alles zerfließt, so dass sich (verschiedene) Qualitäten, benennbare Werte, in Eintönigkeit verlieren. Im Beibehalten unserer Richtung entgleitet uns die weiterführende Orientierung. Uns führende Expansionsziele die, sich in einer Vernebelung auflösend enden, wandeln Interesse in Desinteresse. Hilfe-Rufe (Gebete) werden lauter nach Re-„Formen", nach Konturen, nach Grundbedürfnissen, dem Elementaren, den Grundelementen. Genannte zunächst suspekte gegenläufige Parallele stellt sich, wachgerufen, in Wahrheit menschenfreundlich bereit, um sich einspannen zu lassen in die Zügel des Wagens, um dem Karren wieder ins Licht zu verhelfen. Formen nehmen sich (unser) wieder an. Gruppen bilden sich, Interessengemeinschaften, „Wahlfamilien" finden sich zusammen. Gleiches zieht Gleiches mehr und mehr an. Natürliche selbst reinigende Kräfte, werden den Rufern zuteil, sortieren aus. Sortierungs-, Säuberungsprozesse setzen ein durch Rückbindung, durch Bündelung in den jeweils eigenen Bereichen. Sich herauskristallisierende Bilder, zunächst noch unklar, oder brutal aufflackernde Zerrformen verdeutlichen sich uns zunehmend, führen schließlich zu einer Klarheit der (An-)Sicht der Bilder in ihrer Grundart, als die sie gedacht waren. Elemente fließen auch durch uns Menschen sichtbar geworden zurück in ihre eigenen Bereiche. Rückführungen, Rückströmungen in den eigenen Bereich, in das Land der eigenen Werte, setzen sich durch, ohne momentaner (ver-„fremd"-eter) Ansicht von Herkunft und Rasse. Reine Qualitäten anstrebend suchen sie das wieder, was wirklich zu ihnen gehört, um sich dort wieder, mit zurückführendem Ziel vor Augen, selbst zu finden, zu individualisieren. Einem inneren Ruf folgend, gleich Schwalben, die sich zum Rückflug sammeln, lassen große Ströme, Strömungen, gewaltige Begleiterscheinungen uns Unwissende, die wir nicht mehr im Einklang mit der Natur leben, erst allmählich den Grund der Ursache, das Grundsätzliche, erkennen. Grundprinzipien, Grundanliegen, Grundtypen (12 Archetypen) treten durch Gruppenbildungen wieder deutlicher hervor. In sich gesättigt werden sie wie geschlossene eigene Kreise befähigt, sich gegenseitig respektierend, solidarisch nebeneinander in einen großen Kreis zu stellen. Wohlweislich können sie mit ihren unterschiedlichen Fähigkeiten wie Zahnräder ineinander greifen, sich in einem Team (Teamwork) gegenseitig unterstützend, dem eigenen Weg, den eigenen Bedürfnissen näher bringen, sich selbst treu dienen. „Die Harmonie der Ideale", das erstrebenswerte Ziel, das dem Sternzeichen Wassermann und damit dem kommenden Zeitalter zugeordnet ist, ist eine Qualität, die schon spürbar geworden ist. Pioniere haben sich längst dahin auf den Weg gemacht, um die Weichen für einen lebensbejahenden menschenwürdigen Umgang mit diesem Schatz zu stellen. In Konzentration über die eigene Person hinaus gewachsen, gelangten sie (wieder) zu der Führung, die sie befähigt, die weise Verbindung zwischen Einigkeit und Freiheit in höchstem Maße, erkennend zu erstreben.

An die 12 Grundtypen klingen von 1 bis 10 in besonderer Auslegung auch die 10 Gebote an. Bei den nicht vordergründig erfassten fehlenden zwei Typen handelt es sich um Prinzipien, die eher überpersönliche Themen, sich ständig erneuernde Idealkorrekturen sind. Der 11. Grundtyp (Wassermann), das Prinzip, das die (neuen) Formen hervorbringt, und der 12. Grundtyp (Fische), das Prinzip, das die (alten) Formen auflöst. So wurde, als die 10 Gebote feststanden, die das Leben schützende Gebotstafel, (dringlicher mahnte eine Verbotstafel) mit Merksätzen, Warnhinweisen, an deren Missachtung Gesundwerte jeweils scheitern können, sodann in eine verständliche sichtbare Form gebracht. Der 11. Grundtyp beschäftigte sich mit diesen Gesetzen und brachte den Menschen diese Re-Formen. Der 12. Grundtyp schließlich zerschlug diese Tafeln der Gesetze. Mit buntem Treiben, das im Uferlosen mündete, brachen die überbrachten (überholten?) Gesetzmäßigkeiten in sich zusammen. Das Alte, den Boden unter den Füßen verloren, wurde das Neue, das Offenbarte, schließlich zwingend durch einen neuen Anfang rettend hervorgebracht und das Leben neu angenommen.

Die sich ständig erneuernde Formenwelt bricht bei diesem Übergang nicht abrupt vollkommen, sondern die Intelligenz der Natur hält mit fließenden, aber unaufhaltsamen Übergängen, wie unsere Haut, die sich ständig erneuernd schuppt, das zu Erhaltende am Leben. Mächtiges, Überkommenes verliert seine Kraft, noch Schwaches (Kindliches) gewinnt an Kraft. Ein ständiger Wandlungsprozess, der zu unterst zuoberst kehrt.

Sich auflösende Formen tauchen ein in die Welt der Träume und Visionen, lassen schließlich die Sehnsucht wieder wach werden, verschmelzen mit dem Ruf in der Wüste, um sich geballt und mächtig, dem Urschrei folgend, sich der Elemente bedienend, wieder zu formieren. Wahre Künstler dringen zuerst vor zu diesen Quellen des Ewigen, offenbaren aus dem Spektrum des Gehenden, Vorhandenen, Kommenden, ihnen selbst Gemäßes mit ihren Mitteln der Kunst.

Auf der Suche nach dem Sinn des eigenen Tuns Oder: Die offene Frage um die Henne und das Ei

Jeder könnte seine Geschichte, seine Texte, an denen er lange herumdoktert, eine Doktorarbeit nennen. Zum Schluss sollte im Idealfall aber mindestens eine neue Erkenntnis dabei herauskommen. Mindestens einen Schritt auf dem Weg vorwärts, und sei es ein zuvor notwendiger Rückschritt, birgt in sich den Sinn. Als Herausforderung zu diesen bisher niedergeschriebenen Vor-„Gaben" wähle ich wie viele vor mir keine geringere Frage als die: Was war zuerst, die Henne oder das Ei?

Zunächst mit Hilfe des erfassten Textes die Suche nach einer anderen Grundfrage: Was ist Wahrheit? Davon abgesehen, dass alles wohl einem gemeinsamen großen Ziel folgt, kommen doch die Ausgangsstandpunkte bzw. -standorte mit dem Blick auf das Hier und Jetzt, aus verschiedenen Richtungen. Einen Kreisrand malend, mit einem allem gemeinsamen Punkt als Mitte, steht diese Umkreisung auch symbolisch für die Tierkreiszeichen-Qualitäten aus zwölf verschiedenen Grundrichtungen. Jeder Typus muss deshalb mit seinem (inneren) Kompass eine andere Richtung nehmen, um zur Mitte zu kommen. Dieser Typenkreis lässt sich derart auf die unteilbare Zahl sieben (7) eingrenzen, als, wie später beschrieben, sieben Planeten als vordergründige persönliche äußere Herrscher, diese zwölf Ausgangsbereiche unter sich aufteilen. Die Zahl sieben begegnet uns immer wieder und in ganz verschiedenen Bereichen, in religiösen Lehren, in Märchen, im Sprachgebrauch, als eine Zahl der Vollkommenheit. Erweitern lässt sich auf diese Weise die Anzahl der Wahrheiten auch ohne weiteres mathematisch nachweisbar auf 360. 360 Grad weist ein Kreis auf. Auch das lässt sich erweitern, indem man in Teilgradbereiche unterteilt und so fort. Verständlich wird so, dass letztlich jeder Mensch eine etwas andere Richtung als seine Wahrheit vertreten muss, um einen echten Weg zu gehen. Haben zwei eine absolut identische Richtung, ist sich also mindestens einer etwas untreu geworden. Das lässt vermuten, dass Menschen, die ständig ihre Meinung ändern, sich selbst auf ihrem Platz noch nicht gefunden haben. Andererseits ermöglicht die Fähigkeit, ganz in der Wahrheit eines anderen aufgehen zu können, dessen Motivation auf die Spur zu kommen oder sie zu verstehen.

Menschen unter ständigem Kontaktentzug oder jene, die ständig auf sich zurückgeworfen werden, fehlt der ganze Rest eines Kreises. Sie fallen heraus aus dem System, das erst einen (aber ggf. auch zwingend festlegenden) Orientierungsmagneten speist. Neugeborene, „aus dem Himmel" kommend, aus dem geistigen Raum, sind noch ganz offen für alle Ein-Stellungen, die ihnen ein Kontaktkreis ermöglicht. Je mehr sie sich andererseits auf die vorgegebenen Bilder der Umwelt einstellen, desto mehr grenzen sie sich ein, desto weiter verschließt sich ihnen der Himmel.

Eine Kunst ist es, wenn es die (Himmels-)Not anzeigt, wieder für das ganze Spektrum (Möglichkeiten, Menschen) offen zu werden, ohne sich dadurch zu verlieren. Gelungen gliche diese Öffnung einem Hinausziehen in die Welt, während man doch (in sich selbst) daheim bleibt. Ein Fahren im eigenen Heim (Zigeuner-Wagen) ähnelt einem Wandeln in einem (eigenen) Körper. Es ermöglicht, die (andere) Welt zu erkunden, zu er„fahren" und doch verwurzelt zu bleiben in der eigenen sprudelnden Ursprünglichkeit. Stets der Kraft des eigens verkörperten Urtiers angeschlossen zu sein, ermöglicht ewiges Bestehen. Die Schildkröte, das Urtier schlechthin, spiegelt uns da beispielgebend optimale Voraussetzungen für ein langes Leben.

Bleiben Fremdkontakte aus oder zu gering, fehlen zunächst notwendige Vorgaben, um ein stabiles eigenes Spannungsfeld aufbauen zu können. Um trotzdem überlebensfähig zu bleiben, baut sich der Mensch einen eigenen Kreis, eine eigene Bilderwelt auf. Das ist dann nicht nur legitim, sondern Werk einer ihm innewohnenden intelligenten Natur, also gesund. Diese dann als irre bezeichnete Bilderwelt ist so gesehen nicht unwirklicher als jede andere, nur lässt sie sich vermutlich in den derzeitigen als real bezeichneten Kreis, in das vorgegebene allgemeine Ordnungssystem nicht eingliedern.

In diesem Absatz an dieser Stelle dazwischen gefügt lässt sich das große Gebiet einer bei weitem noch nicht erforschten Hirnforschung anreißen. Jede individuelle eingebildete Vorstellungswelt befähigt geschickt agierende Menschen, eigene, um sich selbst kreisende er-Sonne-ne (ersinnen, einspinnen, verpuppen) Vorstellungen, einzelnen Menschen bis hin zu ganzen Völkern (unter dem Deckmantel der Liebe = Neptunprinzip) überzustülpen, sie mit deren Welt mit einzuspinnen, einzulullen. Durch Überlebenskämpfe die Urtriebe prägend, mutierte derlei dadurch zu einem unsozialen Spiel mit der Macht. Aus anderer Sicht gelingt es hier Menschen, in unserer Gesellschaft meist Männern, gleich unserer Sonne, die anderen Planeten, sprich Menschen, in den eigenen Bann zu ziehen, um sie, (geblendet) in Abhängigkeit gehalten, (als Schutzschilde) um sich kreisen zu lassen. Einzelne Menschen, die das als soziales Unrecht erkennen, in Not geraten, menschlich geworden wachrütteln wollen, kommen allem zum Hohn, mitunter heute immer noch, sprichwörtlich in (eine somit) „Teufels Küche". Aufklärungsarbeit wird hier gleichbedeutend mit Lichtarbeit.

Zurück vor den letzten Absatz: Doch auch derjenige, der sein Lebensziel in dieser allgemeingültigen „realen" Welt nicht findet, sucht sich zwangsläufig, wenn er weiterkommen will, einen alternativen Weg, einen ganz „eigen"-en Kreis. Zählt man diese „Aussteiger" jedoch auf der ganzen Welt zusammen, ist doch ständig ein größeres Heer von Pionieren als Samenträger unterwegs. Wie Spermien suchen sie die Tür zu einem neuen Ei, einem neuen Kreis, der sich befruchten lässt, um noch eine neue Wahrheit in diese Welt zu bringen, eine neue Erfindung, eine neue Entdeckung, eine neue Geburt. Der erste, der an einem, von mehreren angesteuerten, Ziel ist, der eindringt in diesen Zielkreis, bildet damit die erste Zelle in diesem Kreis, eröffnet dadurch erst diesen Kreis. Durch die geglückte innewohnende Befruchtung erwacht auch der Kreis erst zum Leben und belebt damit gleichzeitig die Frucht, setzt das Uhrwerk in Gang.

Zurück zur Frage: Wer war zuerst, die Henne oder das Ei?
Am Anfang waren dem zufolge Henne und Ei. Eine Entsprechung liegt wohl im Einstieg in die Bibel, die da beginnt: Am Anfang waren Himmel und Erde.
Das Ergebnis auf der Suche nach dem Sinn des eigenen Tun zeigt hier: Es ist ein Zurückfinden aus der Formenwelt, der Welt des eigenen Schaffens, den vier Elementen, den Grundpfeilern alles Materiellen, dem Quadrat, zu dem innewohnenden Geist, zu dem Kreis in der Mitte, dem geistigen Ursprung.

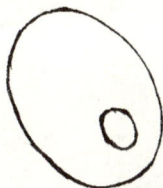

Henne / Ei – Himmel / Erde

Außen, sichtbar – Innen, unsichtbar, verborgen;
Exoterisch – Esoterisch
Oder: Ein natürliches Druckausgleichsystem

Allem nach außen Erkennbaren liegt das Verborgene inne. Der sichtbaren Realität, dem irdischen Farbenkreis, den Substanz-farben, die in ihrer Summe ein Schwarz ergeben, liegt ein wei-ßer Punkt (Kreis) inne. In der geistigen Unsichtbarkeit, den Lichtfarben, die in ihrer Summe ein Weiß (Licht) ergeben, liegt ein schwarzer Punkt verborgen.

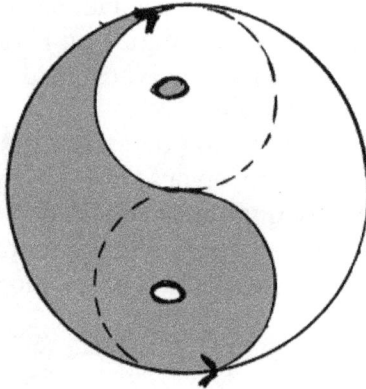

Himmel + Erde bei Tag + Nacht = Yin + Yang

Den zwölf Grundqualitäten, die mit Tierkreiszeichen symbolisch dargestellt werden, hat man so verständlicherweise sowohl einen äußeren = exoterischen Herrscher zugeordnet als auch einen inneren = esoterischen, der seinerseits anzeigt, welche Kraft (Farbe) als Gegenpol sich jeweils im Verborgenen (jen-Seits) befindet. Ein Druckausgleichsystem, das sich ständig veränderndes Leben gleichzeitig stabil hält, erst dadurch auf Dauer aufrechterhalten kann. Mängel in diesem System dieser Ausgleich schaffenden Paare können sich durch alle Ebenen menschlichen Lebens ziehen. Sie können eine Not anzeigen aus der Seele (des Ganzen) heraus, im Denken, in der Psyche, dem Körper bis hin zur Technik (Geburtshoroskop einer Sache), da diese durch einen menschlichen Geist, mit dessen speziellem Muster, erschaffen wurde.

Zu einer Seeleneinheit zurückverfolgt, speist sich der Weg zur Erschaffung unserer Welt so aus einem verdichteten Punkt aller Summen, deshalb einem Garanten für Unsterblichkeit, hinein in einen sterblichen, weil für unsere Augen vergänglichen Raum. Alles gehört zu dieser Seeleneinheit, und alles ist in ihr, entwickelt sich aus ihr heraus und führt in sie zurück, seit Anbeginn, und in Ewigkeit.

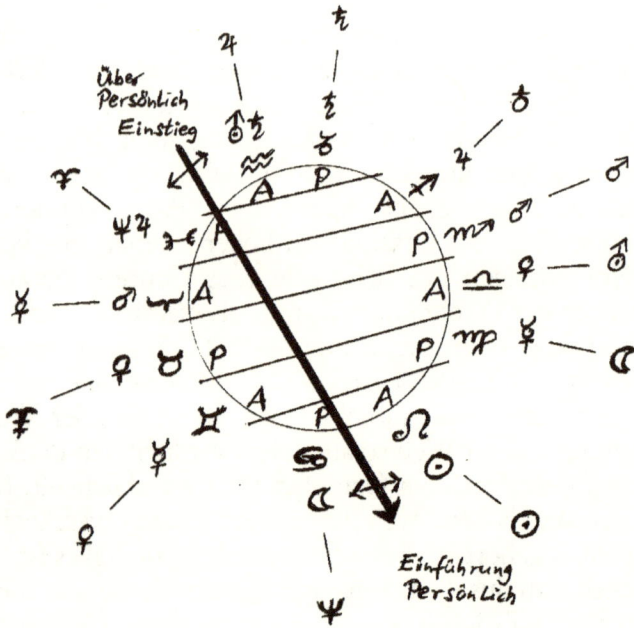

Natürliches Druckausgleichsystem
Horoskop mit exoterischen (innen) und esoterischen Herrschern (außen)
Prägungsurbild, Korrekturschlüssel
(A = Aktiv, P = Passiv)

Die Entstehung unserer Welt aus anderer Sicht

Esoterik verständlich gemacht mit Hilfe einer dem Ursprünglichen entnommenen Wissenschaft, der Sternenkunde. In der
Entstehung unseres Planetensystems liegt unbestritten eine
uns nicht einsehbare Weisheit (= Esoterik) verborgen. Unsere
Grundbausteine korrespondieren mit dieser Entstehung, unser
körperliches Dasein, deshalb auch unser psychisches und geistiges. Als sich schließende Einheit führen uns Teile wieder zu
einer Summe, die dann mehr ist als ihre Teile. Einen (chemi-
schen) Prozess durchlaufen, verweisen sie gesammelt auf den
Kern der Ursache, führen über unsere Seele zur Seeleneinheit.
Immerhin waren auch sie Sterndeuter, die Heiligen drei Köni-
ge, die vor über 2.000 Jahren mit dem Finden des Kindes in
der Grippe die Geburt des Eingangsportals in die letzte Ära,
das Fischezeitalter, fanden.
Am Anfang waren also Himmel und Erde. Aus zunächst dieser überpersönlichen (unpersönlichen) Verbindung ging alles
Weitere hervor. Die Entwicklungsgeschichte zeigt dazu anhand der Korrespondenz zwischen den jeweils exoterischen
Herrschern (Repräsentanten des Äußeren, Sichtbaren) und
den esoterischen Herrschern (Repräsentanten des Inneren,
Verborgenen, nicht Sichtbaren) in den einzelnen Tierkreiszeichen folgenden Verlauf:
Beginn also in überpersönlichen Bereichen:
Einstieg oben (im Himmel) beim nicht sichtbaren Geistigen
Urvater (innerer, verborgener bzw. esoterischer Herrscher Pluto), mit einem Zuhause in der vergeistigten, unsichtbaren,
formlosen Welt, der Welt der geistigen Gesetze (im skizzierten
System dargestellt bzw. verankert im Tierkreiszeichen Fische).
Unsichtbarer Urvater, Großvater oder Gottvater (Pluto also),
stülpt bzw. zeigt sich nach außen, repräsentiert das, in den
exoterischen, den dies sichtbar machenden Herrschern Neptun und Jupiter. Neptun steht symbolisch für das göttliche

Kind (Sohn?) Gottes. Jupiter steht für die Welt der Bilder, die sich als Realität sichtbar wie bei der Entwicklung eines Filmes, schwarz auf weiß entwickeln lassen. Der Urvater zeigt sich uns also durch seinen Sohn (Kind) bildhaft (Jupiter), körperlich, auf der Erde und bringt sich so in die Sinne (Sicht) der Menschen.

Einstieg unten, auf der Erde, (bei) der sichtbaren Mutter Erde, irdischen Gottesmutter (exoterischer Herrscher Saturn mit Uranus), Zuhause also in der Welt der sichtbaren Formen, der Welt der irdischen Gesetze (verankert – siehe Skizze – im Zeichen Wassermann).

Sichtbare Urmutter, Großmutter oder Gottesmutter (vertreten durch Saturn/Uranus also), dringt ins Innere, in die geistige unsichtbare Welt mit ihrer Sinnlichkeit (esoterischer Herrscher Jupiter) vor bzw. mit ihrem bildhaften Vorstellungsvermögen und rückentwickelt damit sozusagen ihre realistischen Bilder von Zukunft in die geistige Idee davon. Als Fürsprecherin bei Gottvater (vertreten durch Pluto also) im Himmel, für die Erde, gibt sie sich als Matrix, als körperlichen Speicher, wie ein leeres weißes (= unschuldiges) Blatt, dieser Entwicklung hin. (Ein Horoskop eines Menschen ist im Übrigen nichts anderes als die Matrix, das bedruckte Blatt eines Menschen, das die Elemente in der Ordnung und der Wertigkeit wiedergibt, wie sie diesem Menschen zu Eigen sind).

Weg vom Unpersönlichen zum Persönlichen

Indem (verankert in den Tierkreiszeichen Wassermann und Fische) die beiden (jeweiligen) Repräsentanten (s. o. Saturn/Uranus von Wassermann, sichtbare Welt, Formenwelt; Pluto von Fische, unsichtbare Welt, formlose Welt) ihrer von der jeweils anderen getrennten Welt es auf sich nehmen (müssen), den anderen zu tolerieren, so sehr zu respektieren (lieben) wie sich selbst, dadurch dass sie den Platz des anderen in der Welt akzeptieren, also sich gleichstellen, erreichen sie, integrieren sie, indem sie damit das „Glück" des anderen (beider Gegenpol wird jeweils von Jupiter repräsentiert) und damit dessen Existenz wertschätzen, ihren eigenen, die Spannung, ihr Leben haltenden Gegenpol, ihren eigenen für ihre Sicht verborgenen Herrscher, ihren eigenen Jupiter, ihr eigenes Glück (siehe Yin-Yang-Symbol). Jeder behält gerade dadurch das, was zu ihm gehört, indem er es dem anderen lässt. Unmögliches, Unvereinbares wird plötzlich möglich. Das sich so Gegenüberstehende überwindet die absolut trennenden Starre der Opposition (= 180°) und lässt dadurch weitere Entwicklung zu. Eine Winkelverbindung mit angenäherten Schenkelseiten auf 150° (Quincunx) bildet sich neu aus dieser Verbindung wie eine bis zu gewissen Graden flexible (Wirbel-)Säule. Diese erlaubt es Eindringendem wie einem zurückkommenden Raumschiff, den trennenden Schutzmantel zur Erde zu durchdringen, ohne zu verbrennen. Dieses Außerirdische, dieses Nichtpersönliche, eine solche Ab-„Ordnung", diese Über-Ordnung, kann so zur Erde gelangen, besamend eingeführt werden.

Am Beispiel des oben abgebildeten Horoskops spiegelt sich dieser überpersönliche Einfluss, die Verbindung zwischen den Tierkreiszeichen Fische und Wassermann, irdisch, sichtbar, auf der anderen Seite der gemeinsam gebildeten neuen Achse, schräg (150°) gegenüber, in den ebenfalls aneinander gebundenen Tierkreiszeichen Löwe und Krebs. Tierkreiszeichen Löwe, exoterischer (äußerer) Herrscher Sonne, esoterischer (innerer) Herrscher, ebenfalls Sonne, die damit aus sich selbst schöpfenden Kraft, dadurch ein Abbild des Urvaters (Großvater – Pluto, Fische). [Nebenbei entsteht dadurch aber auch mit dem Herrscher Saturn im Tierkreiszeichen Wassermann gegenüber ein Tauziehen um Beziehungs-„Formen"; – Beziehungskrisen Mann (Sonne) – Frau (Saturn)]. Daneben das Tierkreiszeichen Krebs, exoterischer (äußerer) Herrscher Mond (irdisches Kind oder reine Magd), esoterischer (innerer) Herrscher Neptun (Schleier/Liebe des Verborgenen Urvaters/Pluto oder göttliches Kind). Das Zeichen Krebs steht damit für das Nest, das das Geheimnis neuen Lebens in sich birgt, die Kindfrau, die sich entfaltet zu Frau und Kind, die Henne <u>und</u> das Ei, zwei in eins. [Nebenbei kommt dabei aber auch bei dieser Teilung mit dem Herrscher Saturn im Tierkreiszeichen Steinbock gegenüber die Weisheit der Frau (menschliche, irdische Höchstreife) zu stehen, in den Tarot-Karten bezeichnet als Teufel. An ihn sind die Polaritäten männlich-weiblich, geschlechtliche Kinder (freiwillig) gebunden. Während der Mensch geschickt die „bereichernden" Lebensfreuden unter den Teppich kehrt, beklagt er (Mann) zeitlebens den Preis der Gebundenheit an „diesen Drachen."]

Diese Ureinheit besteht so gesehen aus einer stets gesättigten, alle Möglichkeiten haltenden Einheit (überpersönliche Seite) und einer ungesättigten Einheit (Vakuum) mit einer innewohnenden, stets neu nach Vervollkommnung zielenden Erwartung (persönliche Seite), also einer Art zweitem Ich. Organisch kann man sich ein erwartungsvolles Herz (Löwe) vorstellen, das sich, neuem Leben zugewandt, stets aufs Neue von Lungen-„Flügeln" (Wassermann) emportragen lässt.

Beide, der Urvater und die Urmutter, eröffnen also den Tanz ewigen Lebens, indem sie sich ewig aneinander binden. Das ermöglicht dem Urvater, im Gegenzug seine Fürbitte bei der Urmutter einbringen zu können, nämlich seinen artgleichen Samen, seinen Lichtstrahl, in ihre Obhut, ihre Erde zu geben. Das geistig-sinnlich, in reiner Motivation Gezeugte wird sichtbar in den Zeichen Löwe und Krebs, irdisch geboren – eine durch Bindung an das Überpersönliche des Himmels unbefleckte Geburt. Ein irdischer Vater, Herrscher, (Löwe), der erschaffene Mensch, steht mit seiner Fürsorge ein für diese Zeugung, die Schöpfung, für alles Lebendige auf der Erde, die Kinder, die der Himmel schickt.

126

Durch den Bund, den die beiden Urliebenden (Vater Himmel und Mutter Erde) eingehen, geben sie sich ihr Wort, eine dadurch im Himmel und auf Erden geschlossene Verbindung (Kreis/ Ehe-„Ring"). Auch die Urmutter hat durch ihre reine Liebe, durch ihren intuitiven sinnlichen Zugang zu den göttlichen Gesetzen (über Jupiter) ein zweites Zuhause, einen Platz in der geistigen Welt, einen Platz im Himmel gefunden. Die entstehende Achse, durch die Verbindung vom Urvater des Himmels (Pluto im Zeichen Fische) und der Urmutter der Erde (Saturn/Uranus im Zeichen Wassermann), „herunter" in den persönlichen Bereich der Menschen, wird so zur Himmelsleiter, zu einem Säulenpaar, einer weißen und einer schwarzen Säule (Summen der Licht- und Substanzfarben) oft symbolisch, erinnernd dargestellt in einer weißen und einer schwarzen Sphinx. Oben und Unten, Bewusstes und Unbewusstes ermahnen heute wieder eine Gleichstellung. Jedes Ungleichgewicht erhöht zwingend in unserer Projektion auf unsere Spielwiese des Lernens, unsere Aufmerksamkeit für eine Welt von Gut und Böse. Die Säulen zeigen sich als Baum der Weisheit und als Baum der Erkenntnis. Der Baum der Weisheit mit den Gesetzen des ewigen Lebens und der Freude, den Gesetzen von Ursache und Wirkung. Der Baum der Erkenntnis mit dem Wissen (verstehen lernen) um Verlust und Schmerz.

Fortsetzung, die Entstehung der Welt aus anderer Sicht

In der Bibel heißt es weiter am Anfang: „Es werde Licht". Jupiter, althergebracht der Gott (Göttin) des Lichtes, verbindet als zugeordneter Herrscher (s. o.) die Tierkreiszeichen Fische (Himmel, formlose Welt, himmlischer Urvater) und Wassermann (Erde, Welt der Formen, irdische Urmutter) durch das ihnen jeweils selbst (verborgen) zur Verfügung stehende eigene Licht (Jupiter). Dieses (beiden gemeinsame) Licht lässt sich von beiden erschließen, ermöglicht so ein gemeinsames (heimliches) sich den Sinnen hingebendes Treffen.

Jupiter steht in der Chakrenlehre (Energiezentren unseres Körpers) auch für das dritte Auge. Dieses befindet sich zwischen dem rechten und dem linken Auge (den Spiegeln der Seele?), über der Nasenwurzel, verbindet also die zwei Urprinzipien. In der Geschichte des letzten Einhorns führt durch das gewachsene Horn an der Stelle des dritten Auges die unbändige Wunschnatur zum Sieg, indem sie Wirklichkeiten (Wieder-)Geburten aus den Nebeln des Meeres vom Geistigen ins Irdische bzw. von oben nach unten (Neptun, Herrscher in den Zeichen Fische und Krebs) entstehen lässt. Mit seiner gebündelten Sinneskraft holt sich das letzte Einhorn die Seinen zurück. Begegnungen können (auf der gemeinsamen, neu gewachsenen Achse) zwischen scheinbar Toten und Lebenden wieder stattfinden. Die Gleichschaltung des Geistigen mit dem Irdischen (sowie) die Gleichschaltung der rechten und der linken Gehirnhälfte, des Realen und Arealen (Irreal??) findet an der Stelle des Dritten Auges statt.

Die irdische Urmutter (Saturn/Uranus im Wassermannzeichen) ist also befähigt, mit der durchdringenden Kraft ihres göttlichen Lichtes (Jupiter), mit ihrer Liebe (Verbindung) zum göttlichen Vater, sich hineinfallen zu lassen in die bereitstehende undurchsichtige durchsichtige/formlose „geist"-ige Welt, von der Erde aufwärts (subjektiv) in den Himmel (analog von der Erde abwärts in den vom Meer gespiegelten Himmel), wo ihr Licht, ihre Sinnlichkeit (Jupiter) das Begehrte aufkeimen, hochkeimen lassen kann (Neptun) in der, in die Formlosigkeit des für alle Formen (Realitäten) offen stehenden Tierkreiszeichens Fische. In diesem Zeichen (Bereich) sind sowohl die verborgenen (esoterischen) geistigen Gesetze des himmlischen Urvaters (Pluto) zu Hause als auch als Repräsentanten des (exoterischen, dies sichtbar machenden) Gegenpols, die beiden Herrscher Jupiter und Neptun.

Jupiter, der ähnlich einer Sonne, einem himmlischen Auge, in der Kraft seines Lichtes, seiner anstrahlenden Kraft, deshalb das Glück für die Erde (schon vor der Zeit der Sonne?) zum Ausdruck bringt. Dazu kommt Neptun, aus den wässrigen Nebeln, Ursprung menschlichen Lebens (deshalb Idealbild der Liebe) auftauchend (analog auch Gott der Meere). Sein unklares (heimliches) nebulöses, sich selbst im Meer, im Leib der Erde spiegelndes Liebesbild, wird zu einem Grundbild der Spaltung in Polaritäten, einer oben, ursprünglichen, dem Himmel zugeordneten Liebe und einer passiven (zunächst) in den Schein führenden Liebe, dem Gott der Unterwelt zugeordnet. Eine Weichenstellung für die Schöpfung von Mann und Frau. Das Geheimnis der Grundlage einer verborgenen Selbstliebe bei der Partnerwahl lüftet sich hier (mit Neptun) ebenfalls. Ein gefundenes Erwartungsfeld, das (sich selbst) liebend, mitunter aber bei mangelnder Unterscheidungsfähigkeit notfalls auch eine Zwangsbeglückung (Vergewaltigung) des anderen, eine grausame Mit-Gefühllosigkeit „mit gutem Gewissen" rechtfertigt.

Die Urmutter, die große fruchtbare Mutter Erde selbst, Trägerin unseres derzeitigen realen Lebens, hat sich beispielgebend nicht bedenkenlos geöffnet, sondern wie auch das weibliche letzte Einhorn nur dem, das zu ihr gehörte. Allem anderen blieb auch das letzte Einhorn, in Mädchengestalt, verschlossen. Es verkörperte das Weibliche, als Trägerin des letzten großen Geheimnisses, das man nur in ihren sinnlichen (Jupiter) verschleiernden (Neptun) meerblauen Augen erahnen konnte. Diese Augen, Spiegel ihrer leeren Seele, blickten in Erinnerung an eine beglückende große Liebe, in sternenklaren Nächten hinauf zum Himmel, wartend, dass sich die Blicke (Jupiterverbindung, zwei Augen, Dualseelen) der Liebe für einen Neuanfang, ihr neues gemeinsames Leben, begegnen mögen.

Lernen in der Welt der Polaritäten

Eine neue, eine veredelte Züchtung Mensch sollte oder konnte entstehen auf der entstandenen Achse zwischen Sterblichkeit und Unsterblichkeit. Zum Erhalt der Menschheit hat Gottvater sich selbst, in seinem Sohn auf/in die Erde begeben, ihn den Weg des Sterbens gehen lassen, um sich in diesem sterblichen Menschen anschließend aus dieser Versenkung zurückzuholen, in die Unsterblichkeit. Als sich selbst hingebende Liebe blieb er, blieb dies als Tatsache nun den Menschen im Gedächtnis und eröffnete ihnen eine weitere Datei mit dem Titel: Unsterblichkeit.

In Liebe zu den Ihren, in Liebe zu der Erde, und damit in Liebe zu sich selbst hat sich die Jungfrau (Maria), wie einst schon die erste erschaffene Frau (Eva) eines sterblichen Mannes, und wie davor schon die Urmutter (Großmutter) Erde, mit einem weiteren Versuch, einem weiteren Anlauf (Durchlauf), den Gesetzen der Liebe, hinein in eine geistige Welt, geöffnet. Auf der nunmehr entstandenen (irdisch-geistigen) Doppelsäule, stellvertretend ihrer Wirbelsäule, spürte sie die reine göttliche Energie hinunter-(hinüber)laufen zum anderen Ende der Wirbelsäule. Aus einer unerschöpflichen Quelle brachte diese Energie ihr mit jedem neuen Atem neues Leben, floss zurück und versorgte, dieses göttliche Leben erhaltend, dieses Glück ohne Unterlass. Nach Vorbild der Bindung von Urvater und Urmutter, bei der schon der Mensch verantwortlich zum Paten deren Schöpfung eingesetzt wurde (s. o.), stand nun erneut ein irdischer Vater (Josef) für das Himmelsgeschenk ein.

Maria gelangte zur Unterscheidungsfähigkeit der hellen und der dunklen Säule. Das riss sie heraus aus ihrem Einheitsgrau. Licht, Klarheit war für sie in das „Ganze", gekommen und ließ die Nebel der Unwissenheit (Neptun) zurück. Das Buch der sieben Siegel öffnete sich ihr durch das ihre Wirbel-

säule hinunter- und hinaufschlängelnde Lichttier (Jupiter).
Am höchsten, am äußersten Punkt (der Ekstase) gewährte es
ihr den Einblick in das Tiefste, das Innerste, und riss sie aus
ihren Träumen. Sie erkannte die Polaritäten, die andere Seite leichten Lebens, den Herrscher der dunklen Säule, der sie
aus dem Paradies hinauszwang. Die grausame Seite der Natur
wurde sichtbar, der Schmerz, und damit ihre eigene dunkle
Seite.

Das Licht, das von oben nach unten durch sie hindurchge-
flossen war, breitete sich aus wie ein Lauffeuer in alle (vier)
Richtungen. Der anfänglich geistig entstandene Ursprung,
der geschlossenen Kreis, eröffnete sich sichtbar den Menschen, wuchs heran zur Frucht in ihrem Leibe.

Osten, Süden, Westen Norden bzw. links, oben, rechts, unten
sind nach irdischen Form-Gesetzen, in unserer materiellen
Welt, festgelegt in einem Quadrat (Viereck). Der irdische Prozess, die Manifestation der Idee (Kreis) entwickelt sich also auf
diesen vier Grund- oder Eckpfeilern oder den vier Elementen
oder dem Kreuz.

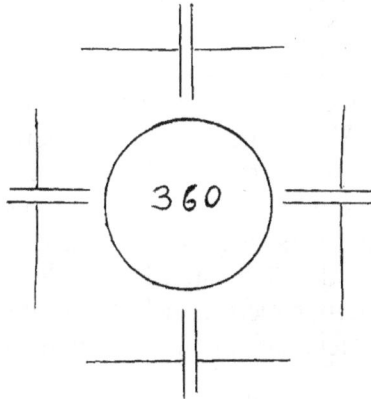

Auf vielerlei Weisen begannen die Menschen, die Welt verstehen zu lernen. So versuchten sie, den Raum über sich nachzubilden. Sternkreise, Säulenkreise, Pyramiden, Horoskope usw. entstanden. Im Grunde geschieht auch noch heute nichts anderes im alltäglichen Leben. Nach dem gleichen Prinzip beginnen schon Neugeborene, ihre Welt, die sie vorfinden, ihre Familie, Eltern, Großeltern nachzuahmen. Sie prägen sich vorgefundene Muster ein, um ihren eigenen Sinn, um sich selbst darin zu entdecken, die eigene Bestimmung. Umgekehrt kann man als Erwachsener gut in den Mustern kleiner Kinder oder auch in eigenen Haustieren eigenen Mustern auf die Spur kommen.

Ureinwohner begannen unterstützend, Regelmäßigkeiten, die sie in dem Lauf der Gestirne, in der Natur entdeckten, als Rituale in ihr Leben einzubinden, um sich besser in diese Wahrheiten einschwingen zu können. Im tanzenden Nachahmen bestimmter Rhythmen bis hin zu bewusst herbeigeführten ekstatischen Höhepunkten spürten sie den Lauf der Energien in sich selbst und fanden den Weg in die Naturheilkunde. Aus Verstandenem heraus legten sie feste Bräuche fest, gleichzeitig als Mitteilung an ihre Nachfahren. Im Einklang mit der Natur ordneten sie Gelerntem schließlich Symbole, Zeichen, Begriffe, Namen, aus dem Ursprünglichen kommend, zu. Möglichkeiten wurden gesucht, alles sichtbar zu hinterlassen. Viele Puzzle-Teile wurden zusammengetragen in den Wissensschatz einer Sternenreligion, die ein Leben in verstehendem Einklang ermöglichen sollte.

Schon Kleinkinder versuchen sich einzupassen. Indem sie ihre Grenzen ausloten, den äußersten Punkt, den Höhe- bzw. Tiefpunkt herausfordern, bauen sie sich ihr eigenes tragfähiges, haltendes Spannungsfeld auf, im menschlichen Universum.

Macht der Sprache und Analogem

Die eigenen Sprachgewohnheiten können, ebenso wie eigenes Verhalten, ein inneres Grenzen abtastendes Ungleichgewicht anzeigen. Sie gewähren Einblicke in vielleicht nicht offensichtliche innermenschliche Grundmuster, in geistige Einstellungen und damit in Psyche und körperliche Entwicklung. Nachvollziehbar werden „magnetische" Anziehungen und abstoßende Kräfte in Beziehungen. Einem Menschen z. B., dem man immer mit Negativsätzen, verneinten Sätzen begegnet, steht man mit dieser (provozierenden) Schutzhaltung nicht offen gegenüber. Dass dieser Mensch nicht zum gleichgestellten Freund wird, verhindert, berechtigt oder unberechtigt, alleine schon die innere Einstellung. So man ein verändertes Verhältnis zu diesem Menschen wirklich wünscht, muss das sicht- bzw. hörbar bereits bei einer positiv formulierten Sprache beginnen, und zwar im jeweiligen Detail, nicht mit einem universalen alles rechtfertigenden, in der Theorie verpuffenden Routine-Überbegriff, der weiterhin nicht zu Fleisch und Blut wird. Das wäre wieder nur (wie im Yin-Yang-Zeichen – siehe beim Thema Druckausgleichsystem) ein winziger positiver Punkt als Spannungsausgleich in einem negativen Bereich und würde die abweisende bzw. Kampf herausfordernde Haltung noch bestätigen. Kommt man an den Grund der Sprachgewohnheiten, kann man behindernde eigene ausschlaggebende Vorstellungen und Gedanken entdecken.

Und doch, kommt man auf der Reise nach innen an diesen winzigen positiven Punkt, diesen weißen Punkt im dunklen Kreis (bzw. den schwarzen Punkt im hellen Kreis), entdeckt man diesen als Gegenzug, anderen Pol, der alles in der Waage hält. Je stärker z. B. eine Ausrichtung nach links, desto stärker der Zugriff, Zulauf, rechts und umgekehrt. Je stärker der Westen, umso massiver der Zustrom im Osten und umgekehrt. Immer wieder stehen sich schwarz und weiß wie Schachfiguren neu gegenüber. Unumgänglich muss ich die Aufmerksamkeit, wie die Strahlkraft der Sonne, nach Westen ziehen lassen, damit sie im Osten wieder aufgehen kann. Unumgänglich muss ich die Aufmerksamkeit wie die Strahlkraft der Sonne hinter dem Horizont nach Osten ziehen lassen, um den Kreislauf des Lebens zu erhalten. Sobald ich eine Richtung akzeptiere, generiere ich gleichzeitig die andere. Erst das Verbinden von Osten und Westen, von Zukunft und Vergangenheit, ermöglicht gegenwärtiges Leben, führt zur Synthese. Den Osten auszuklammern, ließe sich z. B. damit gleichsetzen, sich eigenen Kindern zu verweigern. Den Westen auszuklammern, ließe sich z. B. damit gleichsetzen, sich den eigenen Eltern zu verweigern, sich selbst der Wurzeln zu berauben. Unterschiedliche Sichtweisen von unterschiedlichen Standorten aus ändern nichts an Grundsätzlichem.

So wie die Sprache können auch gewählte Farben, bevorzugte Nahrungsmittel, Beschäftigungen, die Einrichtung, mit der man sich umgibt, und vieles andere Aufschlüsse geben über die Diskrepanz zwischen dem nach außen (exoterisch) Gezeigten und inneren (esoterisch) Bedürfnissen. Das Unterbewusste ist fähig, Täuschungen zu unterlaufen, hineinzufließen in diesen gesetzten innersten Punkt, und deshalb ein guter Lehrer.

Alles nur Ursache und Wirkung – oder ich hatte (und lebe) einen (meinen) Traum

Wenn ich mir innerlich klar bin, d. h. meinen Weg ungetrübt vor Augen habe (oder auch nicht) und strebe dieses Ziel mit allen Kräften an, festigen sich die notwendigen Bilder dazu im Außen, führen mich also dahin. Fehlt (unbewusst) noch gewisse geistige Klarheit, führt womöglich alles, da die Hindernisse nicht ganz weichen, bei ganzem Krafteinsatz zu Versteifungen.

Dadurch stockender Energiefluss verursacht Schmerz bzw. Krankheiten. Wird schließlich, aufmerksam dosiert, durch Integration des noch nicht Beachteten, der Weg frei, setzt sich das Gewünschte nach und nach um. Türen gehen auf, während sich allerdings andere dafür, manche vielleicht auch ganz unerwartet, ungewollt und deshalb womöglich auch wieder schmerzhaft schließen. Mitunter bleiben Dinge oder auch Personen, die einem sehr wichtig sind, zurück oder sie wenden sich plötzlich ab. Der Preis für die Verwirklichung des eigenen Traumes. Trotzdem führt er irgendwann akzeptiert, zur eigenen Vollkommenheit, ins Licht.

Befreiung von Fesseln der Angst im neuen Zeitalter

Trotz Wohlstand, trotz Fülle, nimmt Leid zu. Oder gerade deshalb? Viele, viele durchleben heute solche Drucksituationen, die für ihre Umwelt, die für andere nicht nachvollziehbar sind. Aus diesem Grund zweifeln diese Menschen oft an sich selbst, halten heimlich panische Ängste aus und werden immer weiter auf sich zurückgeworfen. Vergleichbar sind solche Erlebnisse, mit dem Inneren eines Kreises oder eines Samenkorns, das innerlich vollkommen ausgefüllt, immer stärker gegen die äußere Schale drückt, um sie zu durchbrechen. Das Alte ist vollkommen, vollbracht, abgeschlossen. Es lässt sich nicht mehr verbessern, weshalb es auf dieser Ebene keinen Fortschritt mehr gibt. Etwas Neues will werden.

Zurzeit bewegen wir uns, wie vor über zweitausend Jahren zu Christi Geburt, wieder auf ein neues Zeitalter zu. Das Alte schließt langsam seine Türen, während das Neue schon begehbar wird. Nun, vom Fischezeitalter ins Wassermannzeitalter, gehen wir vermutlich erneut (zum wiederholten Male) genau auf die Schnittstelle zu, wo sich einst der himmlische Urvater und die irdische Urmutter vereinten, (oder sich Himmel und Erde öffneten), um mit ihrem Tanz das Leben unserer Welt zu eröffnen. Jetzt bricht ein neues Samenkorn unbekannten Inhalts auf. Ein Paradigmenwechsel findet statt. Ein neues Muster kommt in unsere Welt, um uns neu zu prägen.

Musterwechsel

Jedes in Form gebrachte (Lebens-)Muster, das einst den Sinn des/eines Lebens brachte, eingespeist wurde in das Kollektivwissen, sucht sich eines Tages wieder einen Weg, sich befreiend, auflösend, herauszulösen, um neuen, veränderten Mustern Platz zu machen. So wie ein neuer König (Königin, analog Bienenkönigin) in einem Nest optimaler Bedingungen als Mensch geboren wird, wollen sich neue Bewusstseinsmuster (mit Hilfe seines Volkes) einprägen. Musterwechsel, als Sinn bringende erfüllende Arbeit, Aufgabe, der Menschen, zum Selbsterhalt in einer sich verändernden Welt.
Wie tief eingelagerter Vorrat in eine Tiefkühltruhe, der in Zeit doch wieder herausgenommen werden soll, um ihn als Speise der Verdauung und damit weiterem Wachstum zuzuführen, so will ein erworbenes Talent mit Situationen umzugehen, wird es wieder eingebracht, neuen Erfordernissen angepasst werden. Immer wieder frische Vorräte an „Früchten" dienen den Menschen als Grundstock für kommende Notzeiten, so wie geschützt gelagerte Eicheln das Überleben der Eichhörnchen in einem bevorstehenden Winter garantieren.
Muster, dem Rhythmus von Werden und Vergehen (Wandel) unterworfen, drängen als vorhandene Mittel, so energiegeladen, werden sie nicht (mehr) verwertet, autonom selbst ihrer Auflösung bzw. Wandlung zu (Faulungsprozess). Im Kollektivgrund gärend, suchen die sich freisetzenden Energien wieder einen Weg nach oben, saugen sich in leichter zu-

gängliche Bereiche menschlichen Seins, um sich dort auszuleben, auswirken zu lassen.

Musterbeispiel: In früheren Zeiten mussten sich aussätzige ordentliche Menschen zur Sicherung anderer Leben als Aussätzige outen, indem sie sich wie unordentliche, ungekämmte, verwahrloste Menschen darzustellen hatten. Ihre Untauglichkeit musste nach außen demonstriert werden. Eingebettet in einem auferlegten Zwang, unter einem aufgelegten Verschluss, brodeln nun unter diesem Zwang diese schlummernden Prozesse in einer späteren Generation, einem neuen Menschenfrühling wieder auf. Sie drücken (unverstanden) herauf aus dem kollektiven Stock, dem Weinstock, alles verbindenden göttlichen Grund, um neue Reben mit diesen Energien zu beleben, sprich, sie kommen zurück aus den ewigen Jagdgründen, drängen durch gereinigte verfügbare menschliche Träger (Katalysatoren, Transformatoren) hindurch dem Licht zu. Diese Träger nun werden, innerlich wieder in diese Not geratend, dadurch stark gefordert, das auftretende energiegeladene Muster („böse Geister") zu verändern, umzuformen, ggf. aufzulösen. Ein besseres Verständnis für dieses Muster wird notwendig, um etwas ändern zu können. Das bedingt, dass Träger, Menschen, „es", studierend, immer wieder zulassen, gerade Wohl wollend, das Beste wollend, annehmen müssen. In unserer „zivilisierten" Gesellschaft erschwerte Bedingungen. Dabei sind aus dieser Sicht gerade solche Menschen sehr fleißig im Dienste der Menschheit und haben deshalb soziale Rechte, Rechte auf Unterstützung in der Heilung. Diese gilt es aber vom Empfänger auch in Demut vor der weisen Schöpfung und nicht zuletzt vor sich selbst anzunehmen. Dadurch kann der höhere Wille in ihm erwachen, der die Wundheilung aktiviert und ihm dadurch erlaubt, einen Schritt hinwegzugehen, über nun falschen (sich erübrigenden) Stolz, so dass der Geist des alten Musters durch dieses sich schließende Mal hinaustretend, den und dadurch die Menschen verlassen kann. Dieser Stolz

(Wut, Zorn, etc.) zeigt bis dahin den notwendigen letzten Halt an, den gesunden Überlebenswillen des Trägers, der sich mit diesem unbrauchbaren Muster identifiziert bzw. von der Umwelt damit identifiziert wird. Ein ersatzloses Brechen dieses Stolzes wäre demzufolge ein Verbrechen, ein Zerbrechen einer Arbeit im Dienste der Menschheit.

Jeder kann mithelfen. Um dir mit Hilfe anderer Menschen das Boot des Überganges zu erleichtern, gebe aus deinem Überfluss, deinem Übergewicht, von dem, was du nicht für dich brauchst, deiner rein fließenden geistigen psychischen oder materiellen Energie, deinem Talent, anderen (nur) das, was sie davon brauchen, ohne Ansicht eines Rechts darauf. Fahre in eigener Erleuchtung nicht in ihre – nach göttlichem Vorbild kopiert und erbaut – scheinbaren Teufels-Werke (Türme, Turmbau zu ...), um zu zerstören. Erhalten ungesättigte Mitmenschen in Liebe (wirklich genau das), was sie aus vorhandenem Überfluss brauchen, werden auch sie befähigt, ihren Kreis zu schließen, ihr Samenkorn zu füllen, um vollständig, um voll zu werden. Erst satt, prall gefüllt, kann sich dann ein unersättliches grausames Urtier in einen (gesättigten) Menschen wandeln. Die Kräfte blinder Zerstörung können sich, mit frei werdender Energie, wandeln in sehende Kräfte der Liebe, ein gnadenloser Saulus wird dann zum Paulus. Vorbilder befreien sich damit beispielgebend nicht zuletzt selbst von (heute überall auftauchenden) massiven brodelnden inneren Urängsten, die sich nicht zuordnen lassen, die sich, mangels notwendiger menschlicher Reife in Vorzeiten, an diesem schwierigen Übergangspunkt (Zeitenwechsel), als erlebtes Scheitern der Menschheit, (z. B. bei einer Sintflut), im kollektiven Unbewussten der Menschen, einnisteten. Gleiche Energieverhältnisse im Ablauf einer wiederkehrenden Zeit bringen Alarm gebend unausweichlich die an das alte Geschehen gebundenen Ängste, das Gespeicherte, wieder an die Oberfläche.

Durch korrigierendes Wiedererleben, Erfahrungen von Hilfe bei vergleichbarer aufkommender Not, wird jeder in seinem Bereich erlöst, sich selbst (wieder) zugeführt, um den weiteren eigenen Weg zu bestehen.

Entstehen und Loslassen von Schmerz

Starkes (subjektives) Schmerzerleben speichert sich im Zusammenhang mit einhergehenden (Qualitäten von) Erlebnissen ab. Überwältigend erlebter Schmerz sucht sich bei (Art-) gleichen äußeren Umständen zunächst immer wieder einen neuen Ausdruck im Empfinden. Diese Umstände werden dann, zunächst folgerichtig, für den erlebten Schmerz verantwortlich gemacht. Denn im Zusammenhang mit diesen Umständen kann man immer wieder Neues aus diesen Situationen lernen und dem Schmerz verursachenden Kern auf die Spur kommen. Erst ganz verstanden, mutig überwunden, oder die ganze Konzentration auf bereitstehende Energien (Hilfen) gerichtet, auf neue Muster, die ggf. über einen gewissen Zeitraum mit einem stützenden Helfer (Spiegelreflex) eingeübt, prägend das Ruder übernehmen, lassen verursachende Umstände schließlich ausbleiben. Alte Wunden können sich schließen. Im Märchen von Rumpelstilzchen taucht dieses nicht wieder auf, als sein wirklicher Name ausgesprochen wurde. Es reißt sich bzw. den Schmerz, der sich daran bindet, entzwei.

Schmerzprägungen, die also nicht klar zugeordnet werden können, brauchen einen Lern-, Erfahrungs- oder Lebensweg, um von einem Naiven (Kleinkind) zu einem reifen Menschen wachsen zu lassen. Festmachen lassen sich Entstehungsgeschichten auch in verschiedenen Ansätzen mit Werkzeugen der Astrologie.

♈	(Pluto)
♆	(Neptun)
♅	(Uranus)
♄	(Saturn)

Schon die von „Draußen" auf uns zukommende (An-)Ordnung der Planeten lässt sich vergleichen mit einem werdenden Menschen, der langsam in unsere Welt hereinreift. Außen, am Rand unseres Sonnensystems beginnend mit Pluto, dann Neptun, Uranus, Saturn etc. lässt sich Folgendes assoziieren:

Durch den Urvater (Pluto), als (zunächst geistig) neu zu Gebärendes aus dem Nebel der (Himmels-)Meere kommend, in dem es keine Grenzen gibt, wo alles (in Liebe) in Verbundenheit fließt (Neptun), durchstößt die hereindrängende Information (Revolution, Uranus) das Ei, die Haut der Materie (Saturn), um in unsere Erde, den Körper einzudringen.

Das Neugeborene trägt also (aus dem Entstehungs- bzw. Geburtsmoment heraus?) das Bewusstsein, die Prägung eines fließenden formlosen All-Eins-Seins in sich. Der Säugling erkennt sich noch immer als mit seiner Umgebung eins, gibt sich in vollkommener Offenheit allem und damit auch jedem hin. Das, was dieses junge Leben sieht oder wahrnimmt, gehört so folgerichtig zu ihm. Indem es erste Grenzen erlebt, etwas seinen Bedürfnissen zuwiderläuft, sieht es die Seinen (Teile von sich) zunehmend aus anderer Sicht. Der Schmerz nistet sich in dem Augenblick in sein Innerstes, wenn es erkennt, dass jemand, den es nun schon kennt und liebt, dieses Fließen im All-Eins-Sein zerstört oder plötzlich etwas Fremdes in das Gewohnte einbricht. Da in seinem (mitgebrachten, berechtigten) Verständnis aber alles zu ihm gehört, identifiziert sich das Kleinkind sowohl mit dem, der in seinen Augen leidet (Opfer), (im Horoskop z. B. sichtbar in „weichen" Planeten), als auch mit dem, der die Verletzung auslöst, dem Täter (z. B. „harte" Planeten). Im anderen sieht es also auch noch sich selbst. Es möchte und kann aber, um zu überleben, dadurch den Täter und damit den erlebten („sich selbst zugefügten") Schmerz nicht loslassen. Ein erlebter Schmerz gräbt sich ggf. tief ein, selbst wenn es für einen Außenstehenden nicht als so schwer wiegend erkannt wird. Wie (die) zwei Säulen, eine helle und eine dunkle, ist dieses Polaritätserleben in ihm fest verbunden und gehört fortan zu ihm. Besonders erlebt es diesen inneren Schmerz noch, weil es im Innen eine mit ihm verschweißte Person, im Außen schließlich (schmerzhaft) als eine von ihm getrennte Person erkennt. Um den Schmerz aushalten bzw. zuordnen zu können, lässt es schließlich eine seiner beiden Säulen im Innen los zugunsten der anderen. Dadurch ist es befähigt, sich der Welt der Polaritäten, in die es geboren wurde, zu öffnen, sich zu erproben, und darin zu lernen. Den Schmerz lässt es tief in seinem Inneren, seiner Seele, zurück. Dort harrt er „in Liebe" zu dem jungen Menschlein aus, damit es seine Erfahrungen sammeln kann, um mit diesen irgendwann zurückzufinden.

Das Fallen aus der paradiesischen Einheit in die Welt der Polaritäten nimmt so seinen schicksalhaften Lauf. Auf die gesetzte Ursache kommt mit dem Älter- und Reiferwerden zunehmend der Druck der Aus-Wirkung. Auch trotz allem äußeren Erfolg bleibt da im Innen dieser Schmerz, der dadurch wieder lauter vernehmbar wird, indem keine bleibende Zufriedenheit eintritt, so als fehle einem ein Stück von sich selbst. Noch uneinsichtig geblieben, werden auch auf dem Weg zurück, wieder „böse Verantwortliche", die einem etwas wegnehmen, im Außen gesucht und dann auch gefunden. Lernen daraus eröffnet nun eine Sicht der Dinge aus einem anderen Blickwinkel. Der Seelenfrieden fordert wieder stärker sein Recht zu Lasten äußerer Selbstdarstellung.

Zwei gegensätzliche und doch verbundene Säulen halten sich gegenseitig im Menschen: Seine nach außen zielende und seine innen rufende Natur. Beim Übergang in unsere Welt setzt sich ein neuer Kreislauf des Atmens in Bewegung. Die ins irdische Licht kommende, hell werdende Säule, mit dem dazu wachsenden irdischen Körper, benötigt Sauerstoff für weiteres Gedeihen. Deshalb muss eine Entscheidung, wenn schon, zu Gunsten dieser Säule ausfallen, um überleben zu können. Vorstellen kann man sich, dass eine dem Menschen innewohnende (unterstellte) Natur mit ihrem ursprünglichen Durchlauf durch die Pflanzenwelt befähigt war und irgendwie auch noch ist, grob formuliert, Stickstoff einzuatmen und Sauerstoff auszuatmen. Dieser ursprüngliche Körper ist jedoch dem weiterentwickelten Menschen nicht mehr sichtbar. Durch diese beiden aktivierten Säulen, etwa als zwei sich ergänzende ineinander fließende Kreisläufe, wäre der Mensch möglicherweise in der Lage, sich selbst am Leben zu erhalten. Ein mögliches ewiges Leben, das Göttern vorbehalten ist, beflügelt wieder einmal die Phantasie. Andererseits hat das ewige Streben des Menschen in diese Richtung sicher irgendwo seinen Sinn.

In lebensbedrohlich anmutenden Situation oder Krisen versucht die Intelligenz des wissenden Körpers, die dunkle Säule, dagegensteuernd, durch eine Art ihr gemäßem Atemeinsatz, in einem der hellen widersprechenden Atemkreislauf, den Leben erhaltenden Ausgleich zu schaffen, und zieht dem Menschen durch „Ansaugen", durch Einsaugen, das im Außen an, was ihm eine mögliche Rettung bildhaft vor Augen führt. Daraus kann er dann das für ihn Notwendige lernen.

In diesem Zusammenhang kann man Tarotkarten erwähnen, die ersatzweise nichts anderes als solche Bilder darstellen. Karten haben den Vorteil, dass sie sehr gezielt eingesetzt werden können und durch aktives Hinsehen möglicherweise mehr Aufmerksamkeit erhalten als andere Fingerzeige.

Dem Kindesalter entwachsen hat der in die Pubertät kommende Mensch die große Chance, dieses Gefühl des All-Eins-Sein zwischenzeitlich mit einem Partner wieder zu erleben, indem er sich „unsterblich" verliebt. Fällt er nun irgendwann zwangsläufig erneut zurück in die Sicht des Trennenden, kann er erneut

142

seine dunkle Säule zurücklassen und den Schmerz im Inneren mit sich tragen oder sich dem (nun wieder) auftauchenden Problem in sich eigenverantwortlich stellen. Neue Seiten an sich selbst lassen sich dadurch entdecken und können mit einem Stück Humor oder besser, durch wirkliches Verstehen, als zusätzliche liebenswerte Eigenschaften, als Eigenes angenommen werden. Aus der neuen Perspektive lassen sich Schuldzuweisungen an Eltern und andere Bezugspersonen zurücknehmen. Die strickten Aufteilungen in Gut und Böse verlieren ihre klaren Konturen. Die Welt der Formen und die formlose (latent immer vorhandene) Welt kommen einander näher. Die weiße und die schwarze Säule gleichen sich an und beginnen zusammenzuarbeiten.

Vom Guten und vom Bösen

Gäbe es nicht so genannte Böse, die „Schande" in der Welt der Polaritäten getragen hätten, so hätte man nie das Gute erkennen können. Der Weg zu dieser Erkenntnis wäre uns verschlossen geblieben und damit die Möglichkeit, (geistig) auf eine höhere Ebene zu kommen. Ohne das Böse, das so genannte Kranke, würde die Richtung für das Gute, das Gesunde nicht klar. Krankes wird oft nur deshalb als krank abgestempelt, weil das Dahinterliegende nicht verstanden ist. Ohne das Böse hätten wir demzufolge die Herrlichkeit nie als solche erkannt. Ohne all das hätten wir „das Licht unserer Welt nie erblickt".

Will der Urvater sich outen?

Warum hält ein himmlischer göttlicher Vater so fest an seiner Macht? Warum will er uns so wichtig sein? Warum zeugt er ein Kind mit einer Irdischen, einer „Fremden" (Rasse), um diesen gezeugten Wanderer zwischen den Welten, quasi einen Vagabunden, als seinen Nachfolger auf den eigenen Thron zu setzen? Warum gibt er uns damit gleichzeitig ein Muster vor, den eigenen Sohn dem eigenen Ruhm zu opfern? War alles nur ein kleiner Trick, um sein jubelndes irdisches Volk bei der Stange zu halten, um es in Notzeiten dann doch, nach außen offen sichtbar, im Stich zu lassen? Menschen mutieren für den eigenen Ruhm, um sich selbst zu erhalten, zunehmend zu Einzelgängern. Auf der ganzen Welt leben Kinder in Not. Nimmt das auf diese Weise überall seinen Lauf? Droht die Erde zu verwaisen, weil das Interesse an Nachkommen immer mehr nachlässt?

Wenn es ein teuflischer Plan war, dann ist er ihm gelungen. Jedoch sobald er es geschafft hat, uns über die Schwelle jenseits von Gut und Böse zu bringen, entgeht auch er unserem Gericht von Gut und Böse. Was ihn zu diesem Spiel mit dem Feuer, mit einem hohen Restrisiko für die Menschen bewogen hat, ist wohl seine „Leiden"-schaft für die Menschen. Leiden zu schaffen war dann der Preis, den Menschen aus dieser Zwischenstufe auf seine göttliche Ebene zu heben. Jeden Menschen, der in ihm ist, kann er in dem Augenblick, indem er über die Polaritäten hinaussehen kann, getrost seiner (des Menschen) eigenen inneren Führung überantworten, seiner individuellen Seele, die (wie er, Gott selbst) angeschlossen ist an den großen Kosmos, um von einem galaktischen Zentrum weitere Botschaften, sich selbst verantwortlich, in Empfang zu nehmen. Zunehmend kann sich dadurch die Angst zurückziehen, die doch unbewusst gebunden war an diesen „Pakt mit dem Teufel". Ein Wissen, das immer latent im Gepäck jedes Einzelnen vorhanden war, ihm jedoch zu seinem eigenen Schutz, durch weise Hüter des Geheimnisses, von (Schutz-)Engeln gehütet, bis zur notwendigen Reife verborgen blieb. Zum Zeitpunkt, da diese Schleier fallen können, kann der himmlische Vater sich als egoistisches Muster outen, denn es löst sich in diesem Augenblick auch auf. Was bleibt, ist die göttliche Liebe als höchstes Gut, mit deren Stärke er es vermochte, uns wie angenommene Kinder in ein Erwachsenwerden hinüberzuretten. Indem wir das Muster des Vaters nachahmen, gehen wir parallel den Weg des Sohnes und vereinen schließlich in uns Sterbliches und Unsterbliches. Auf der neuen Ebene erkennen wir den Vater als einen von uns, indem wir uns selbst erkennen. Die alte Geschichte eines Urwolfes klingt an dieser Stelle an, der es schaffte, einem hilfloses Menschenkind säugende Mutter und Freund zu sein und dadurch sowohl das Leben des Menschenjungen als auch sein eigenes sicherte, und damit das Leben beider Stämme und deren Platz in der Welt.

Die menschlichen Züge dieses Urvaters, diese seine Menschlichkeit ist zurückzuführen auf die einstige Verbindung mit der irdischen Urmutter Erde. Durch die Verbindung mit ihr nahm er ihren heilenden nährenden Geist der Erde auf, nach dessen Gesetzen ein optimaler Lebenserhalt bis an die Grenze des irdisch Möglichen, also bis zum Tod (Saturn) über gute Sinne (Jupiter) gewährleistet wird. Die Fähigkeit sinnlicher Wahrnehmung (Jupiter) sollte zur zweiten Säule neben der Schärfe seiner geistigen Klarheit vom großen Plan werden.

Unter dem Zusammentreffen am Himmel von Jupiter und Saturn, (damals Glücksplanet und Todesplanet), unter dieser Konjunktion, dieser Konstellation wurde vor über 2000 Jahren Gottes Sohn geboren. In diesem Neugeborenen zeigte sich der Urvater den Menschen in seiner Menschlichkeit. Als Beweis seiner Liebe durchlebte er diesen Wellengang von Freude und Schmerz, von Liebe und Leid, um einen Weg zu suchen, auf dem man aus diesen teuflischen Abhängigkeiten herauskommen kann. Mit seinen Möglichkeiten, seinem Draht zum Gott der Unterwelt (Neptun), hatte er sich, den eigenen geistigen Schutz im Gepäck, in den Schwingungs- oder Frequenzbereich dieser Polaritäts-Ebene der Menschen herunterfallen lassen, um sich im geeigneten Moment wieder zurücktransformieren zu lassen. Unter den bereitstehenden günstigen Konstellationen (am Himmel) konnte die klare Idee, gepaart mit der sinnlichen

Wunschnatur, im Raster der Zeit, von den jeweiligen Einzugs-
bereichen erfasst und verwirklicht werden. Die Sonne als unser
derzeitiger Mittelpunkt könnte dabei wie Gottes Sohn, wie ein
vorläufiges, sammelndes Zentrierungslicht anmuten. Damit zum
verstehenden Wachsen gereicht, zur Selbsterkenntnis, erfüllt in
der Ganzheit, könnte nach weiterer Entwicklungsstufen ein
Richtungswechsel schließlich (wieder) hinausführen in den geistigen (Welt-)Raum, zum hohen Rat, einem höheren Rad, wei-
termachenden Kreis (Horizont), gefüllt mit einem Vorrat an
neuen Dimensionen.

Der Himmel tut sich wieder auf oder:
Einen Sinn für Seelen-„Roman"- Zen

Ein neuer (fauler) Zauber am Himmel? Mindestens setzt der
Himmel ein (Lern-)Zeichen. Ein im Zusammenhang mit dem
Fortschritt der Menschen zunehmendes „Gift" wird in Verbindung gebracht mit einem auftauchenden Loch, das jetzt am
Himmel entdeckt wurde. Ein Ozonloch, das Strahlen ein Eindringen auf unsere Erde ermöglicht, das unter anderem störend
auf unser Atemsystem einwirkt. Gift für unser Atemsystem wäre in einer bestimmten Beschaffenheit ein Gegenpol (Yin-Yang)
zu dem Stoff, den unser derzeitig aktiviertes Atemsystem benötigt. Möglicherweise gibt es, wie bereits oben angerissen, auch
im Bereich des Atemsystems (Ernährungssystem) neben der uns
bekannten (hellen, einsehbaren) auch eine dunkle Säule, die
uns noch nicht bekannt ist. Die beiden Säulen strahlen vermutlich ohnehin aus in alle Bereiche unseres derzeitigen Seins. Ein
die Spannung und damit das Leben haltender Gegenpol wäre so
gesehen in allen Bereichen unseres Lebens mindestens unbe-
merkt vorhanden. Gift in der richtigen Dosierung wurde in ex-
tremen (einseitigen) Situationen rettend schon immer als
Heilmittel eingesetzt. Ein duales System in der Aufnahme von

Atemluft, von Prana, wie diese lebendige Energie auch genannt wird, könnte an den Tag bringen, dass selbst geringste Mengen von Sauerstoff ausreichen könnten, Leben über einen längeren Zeitraum, selbst mit unserem Körper, zu überstehen, in einer veredelten Art von Winterschlaf (Wachschlaf?). Eine Konzentration für unsere innere Öffnung zu dieser Energie käme erneut diesem Gebet gleich, dieser Fürbitte der Urmutter für die Menschheit an die geistige Welt, damit uns die notwendige geistige Klarheit, unbefleckt gezeugt für eine kommende Form (in Windeln gebunden) auf Erden, zuteil würde.

Die Einheit von Geist und Körper

(Erste) Schockreaktionen sind oft der Schlüssel, dass sich neue, zukünftige Horizonte öffnen können, indem vergleichbar eine Hülle wie eine schützende Fruchtblase springt. Durch Schockreaktionen können ebenso alte, verschlossene Wege wieder frei werden, denkt man z. B. an eine Kneipp-Kur (Sind Zukunft und Vergangenheit so gesehen nicht identisch?).
Alles hat seine Auswirkungen im Großen wie im Kleinen, im Geist wie im Körper. Klar wird in diesem Zusammenhang, dass in unserem Menschsein eines das andere bedingt und deshalb weder Körper noch Geist außer Acht bleiben dürfen. Der Geist des Lebens durchzieht unseren Körper, diese Handvoll Muttererde, während dieser gut behandelte Humus unseres Körpers dem Geist zur Entfaltung verhilft.

Zwei weitere füreinander Verantwortung tragende Säulen verschmelzen – Mann und Frau

Ein Muster im ausklingenden Zeitalter wurde gelebt, als Männer nach außen hin die Verantwortung für ihre Frau, dieses Kind eines anderen, (zwingend) übernahmen. Die Frau blieb dadurch abhängiges Kind eines Mannes. Im Gegenzug hatte das Mädchen und behielt die Frau die Pflicht, nach innen, im Haus, verantwortlich für den Mann zu sorgen. Mit dem Umbruch im Zuge eines neuen anstehenden Planes keimte allerdings der Wille der Frau, im Außen Verantwortung für sich selbst zu tragen. Im Drängen auf Akzeptanz eines selbstbestimmten Lebens überlässt sie dem Mann zunehmend Bereiche ihres bisherigen Verantwortungsbereiches.

Was nichts kostet, ist nichts wert? Eine kleine Gleichstellungsübung

Legen Sie sich bequem an einen Ort mit einer (störenden) Geräuschkulisse. Versuchen Sie, sich ganz zu entspannen. Lassen Sie alles los, auch die Geräusche. Falls es nicht nachhaltig gelingt, spüren Sie, welche Stelle Ihres Körpers noch von der Störquelle angezogen wird. Stellen Sie sich nun an dieser Stelle eine Drehtür vor, die geöffnet die Aufmerksamkeit hinausströmen lässt. Schließen Sie nun in Ihrer Vorstellung diese Tür. Falls diese sich immer wieder öffnet, bitten Sie einen Engel, sich als Wache dort aufzustellen. Versuchen Sie nun erneut, für mehrere Minuten völlig ungestört zur Ruhe zu kommen.

Wasser des Lebens sind wir

Als Träger/innen der geistigen, himmlischen Frucht in uns sind wir auf dem Weg, sie als unseren Beitrag in dieser Welt auszutragen. Wenn die Zeit der Reife kommt und sie aufbricht, stehen wir bereit für dürstende Menschen. Im bereitstehenden Wassermannzeitalter ermöglicht ein freudiger Weg in eine gleichstellende Welt, sich öffnenden Herzen zu begegnen.

Drohender Rückfall

Ein Weiterwachsen des Menschen korrespondiert (wie auch bei Pflanzen) mit Rückbindung. Zukünftiges stützt sich auf Vergangenes. Der Zug in eine Richtung mobilisiert die haltenden Gegenkräfte. Zieht eine Mannschaft z. B. auf der einen Seite eines Seils, hält die auf der anderen Seite dagegen. Das Freiheit und Unabhängigkeit liebende Zeichen Wassermann ruft als Qualitätsentsprechung des kommenden Zeitalters seinen Gegenpol auf den Plan, nämlich die Qualitäten des Zeichens Löwe. Spektakuläres, verblüffendes, schockendes, besitzergreifendes Auftreten Hervorstechen (Sonne), mitunter um jeden Preis. Unstrittig achtet ein Löwe z. B. ganz banal darauf, „sein" möglichst großes Rudel zu unterwerfen. Weibliche Löwen müssen (und wollen?) sich alleine auf diesen über andere Herrschenden ausrichten, bringen nur seine Jungen zur Welt. Ohne soziales Mitgefühl müssen die „fremden" Jungen ihr Leben lassen (Fremde Stammhalter gefährden den König).

Im Zeichen Wassermann müssen wieder Strukturen eingeführt werden, die herausführen aus der zunehmend schmerzhaft Boden unter den Füßen entreißenden Reise durch das im Uferlosen mündende ausklingende Fischezeitalter.

Deshalb wird zunächst automatisch auf alte bewährte Strukturen zurückgegriffen. Halt, Konturen suchend beginnen so Frauen u. a., sich selbst in Grenzen einbindend, nach alter Sitte (mit einem Kopftuch) zu verhüllen, um wieder, sicher eingerahmt, Geborgenheit, Zugehörigkeit zu finden. Oder sie werden von Männern (in der Projektion) dazu gezwungen, weil diese sich zunehmend ihrer Sicherheit, z. B. durch Selbstentscheid der Frauen, beraubt sehen. Das sich spürbar entziehende Selbstbewusstsein der Männer klammert sich an Besitz nach altem Muster fest, aus Angst, Macht bzw. sich selbst, besonders in der Vermischung mit anderen Völkern (Religionen) zu verlieren. Prägende Wurzeln, latenter Untergrund (Qualitäten des gegenüberliegenden Zeichens Löwe), alte Fundamente, stoßen als Wissen darum jetzt aus dem Unbewussten wieder vor in ihr Gedächtnis. Tief verletzt oder entwertet kämpfen jedoch mindestens die Grundfundamente um ihr (weiteres) berechtigtes Anerkennungsrecht. Eingenistet, autonom geworden, flackert der Fundamentalismus noch einmal auf. Schließlich erlebend, dass das jetzt nur noch Leid und Zerstörung bringt, entdeckt der menschliche Geist zunehmend neue Ausdrucksmöglichkeiten, Muster dieser wieder Formen suchenden, kommenden Zeitqualität. Ein Überhöhen der alten Struktur (Saturn) signalisiert und fordert der Reformen schaffende zweite Herrscher des Zeichen Wassermanns, Uranus. Die Möglichkeiten, Halt und Sicherheit in sich selbst zu finden neben gleichgestellten andersartigen Menschen, sich damit in Gruppen von Gleichgesinnten verstanden völlig öffnen zu können, dafür z. B. prädestiniert oder damit beschenkt uns die kommende Wassermannzeit.

Alfatiere – Urtriebe – Grundsinne
Könige, Sonne, Tierkreiszeichen Löwe

Geruchsinn
Sinngemäße Anklagen zahlloser Einzelner zum Wachrütteln:
Immer wenn ich dir gut bin, ich selbst bin, in Harmonie mit
mir dir offen begegne, „pisst du mich an", setzt deine (mir)
stinkende Pissmarke (hässliche Note, zu-setzende Verhal-
tensweise) zwanghaft (innerer Zwang) auf mich wie ein pri-
mitiv handelndes Tier, dem noch ein Stück menschliches
Erwachen fehlt. Damit nimmst du mir meinen Besitz, meine
sozialen Rechte, alles weg, so dass ich dir nicht mehr eigen-
ständig, in mir gefestigt, von mir selbst getragen, gegenüber-
treten kann, weil ich deinen Geruch bzw. Gestank (Form einer Vergewaltigung) an mir habe und „mich selbst nicht
mehr riechen kann", mit den aus der Natur heraus, sprichwörtlich zu nehmenden, ungesunden weiteren Folgen für
mich selbst.
So überdeckst, betäubst, betörst du trickreich alles und alle,
die dir in die Quere kommen und machst sie dir zu Eigen. Jeder, den du ins Visier nimmst, riecht bald darauf nach „deiner Marke", dreht seine Welt um dich, d. h. dieser Geruch
hängt sich zusammen mit dem, was darunter ist, dir als An-
hänger an. Jedes zusätzlich von dir vereinnahmte Revier richtet sich zusätzlich gegen mich, meine freie Parzelle, die dieses
mich erdrückende Muster nicht übernehmen will.
Ein Naturgesetz verdeutlichend, überstrahlt, überstreicht die
Sonne den Mond, und dieser singt nun der Sonne Lied, verstärkt ihre (Strahl-) Kraft, ihre Dominanz.

151

Eine Kausalkette, die durchbrochen werden kann durch eine Erweiterung, Evolution, Weiterentwicklung der Sinne derart, dass diese (auf dieser Beziehungs-Achse Löwe – Wassermann) an gereiftes erweitertes menschliches Bewusstsein (von unserer Existenz) gekoppelt werden. Zum Zug nach unten, innen, zurück (Mond und Sonne) kommt die erweiternde Ausrichtung „nach oben" (Saturn) hinaus in den offenen Raum, bestückt mit Antennen (Uranus), die das Reservoir der Sinne (mit Hilfe von Jupiter = esoterischer Herrscher von Wassermann), den Sinn dort, im sich öffnenden (geistigen) Raum abtasten. Erkennen wir im kommenden Wassermannzeitalter, dass jeder Mensch das Recht hat, „nach oben" ausgerichtet, seine Sonne, seinen Bereich selbst zu leben, das Recht hat auf Akzeptanz der Grenzwahrung. Die Möglichkeiten liegen im Wassermannsymbol (♒) selbst verborgen. Das Symbol ♒ steht für Wellen, Frequenz, Einspielen von neuen Mustern über den Äther, Musterübertragung, Transformation, also Umsetzung von Mustern über (zwangsläufig) „aktivierte Antennen", mit dem in unsere Kammern, „Zellen", Gefängnisse, einströmenden (neuen) Äther.

Fortsetzung, die Entstehung der Welt aus anderer Sicht

Und in der Bibel heißt es weiter, dass Erde und Meer erschaffen wurden und danach die Pflanzen. Es folgten die Lichter am Himmel, die Sterne, uns als Zeichen, als Wegweiser gesetzt. Hell und Dunkel, Tag und Nacht lösten sich ab. Das hatte Folgen: Öffnen und Schließen von Räumen, Sichtbar und Unsichtbar, Nebelschleier und Klarheit, Kommen und Gehen, messbare Zeit, Auf-„Teilung", die Welt der Polaritäten. Mit diesem Fundament folgte die Schöpfung der Fische unter dem Horizont der Erde, dem flüssigen Meer, und die der Vögel über dem Horizont der Erde, dem gasförmigen, luftigen Meer. Als Krone des Schaffens folgte eine Schöpfung, die alles (in sich) vereinen konnte, das Oben als auch das Unten. Ausgestattet mit allen Vor-Richtungen schuf der Schöpfer sich selbst zum Bilde, nämlich den permanent fließenden Vorgaben aus einer Quelle, innerhalb eines großen Zeit-Plans, also dem Ewigen, das sich doch ständig entwickelt, dieses in eine sichtbare Form gebracht, erschuf er den Menschen.

Die Entwicklung erfolgte also über verschiedene Stufen, durch mehrere Ebenen hindurch. Zur Verdeutlichung noch einmal die Bildtafel beim Einstieg in den Text mit der Überschrift: Die Entstehung der Welt aus anderer Sicht, ein Horoskop mit den exoterischen und esoterischen Herrschern von Seite 122.

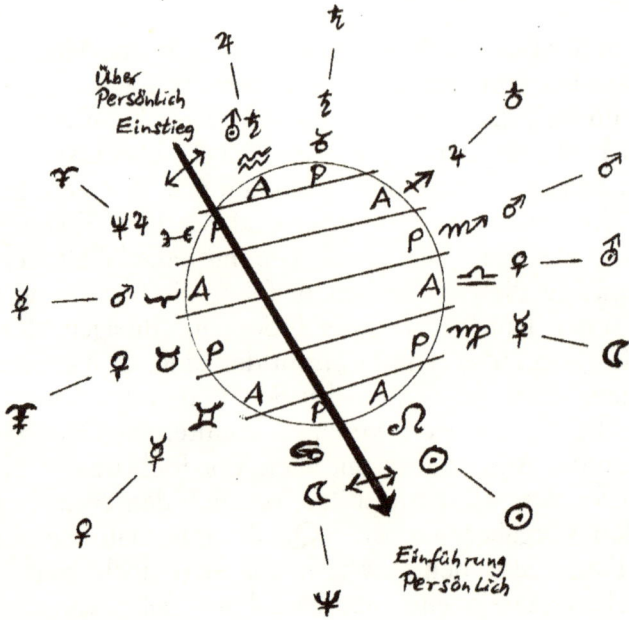

Natürliches Druckausgleichsystem
Horoskop mit exoterischen (innen) und esoterischen Herrschern (außen)
Prägungsurbild, Korrekturschlüssel
(A = Aktiv, P = Passiv)

Die entstandene Achse, die verbindende Himmelsleiter der geistigen Ebene mit der irdischen (Erklärungen dazu an anderer Stelle), bahnte sich also mit der Idee des Schöpfers von der Erschaffung der Welt ihren Weg durch mehrere Zeitabschnitte. Verschiedene Ebenen folgten einander, in denen aufbauend Entwicklung stattfand. Verdeutlicht zeigt obige Bildtafel den Weg durch die verschiedenen Schichten. Die die verschiedenen sichtbaren Schöpfungsebenen anzeigenden Herrscher jeweils in zwei Tierkreiszeichen als Trittstützen verankert, lassen die Leitersprossen erkennen. Von oben nach unten zeigt sich in der Reihenfolge der übereinander kreisenden Planeten, auf der Einstiegsstufe die Schöpferische Idee von der Schaffung einer ausgereiften Form, einem in einer Haut (Haut = größtes Organ des Menschen) eingefassten Körper (Saturn-Sprosse) der Beginn, der Mensch-Geschlecht-Reife (Zwirbeldrüse), der Eintritt über die Schmerzgrenze (Hypothalamus).

Die nächste Sprosse repräsentiert den darauf folgenden Entwicklungsschritt, die Ausstattung der Form mit den Werkzeugen, den Lichtern des Himmels (Möglichkeit, zu Erkennen, Wege [Thalamus] zum Großhirn) bzw. den diesen Lichtern entsprechenden erweckten Sinnen (Sensorik – Jupiter-Sprosse).

Mit der dritten Sprosse zeigt sich die erste lebende Zelle, die sich aus eigenem Antrieb vergrößern bzw. vermehren will (Mars-Sprosse) (Nebenniere – Adrenalin – erstes in reiner Form isoliertes Hormon). Mars steht für den Kämpfer, den Jäger nach Nahrung, der mit seiner Instinktnatur die Beute wittert/riecht, die er als Energiezufuhr für sein Wachstum benötigt.

Die vierte Stufe zeigt die durch Energieaufnahme erfolgende erste Zellteilung auf (Venus-Sprosse) (Bauchspeicheldrüse – Blutzuckerspiegel, erhöht durch Adrenalin). Venus, dem Genuss zuträglich, wählt das ihr Gemäße für sich aus, um sich daran zu laben, zu stillen. Sich auf den Geschmackssinn verlassend erkennt sie, wenn die Chemie für das verwertende Verdauungssystem stimmt.

Auf der fünften Stufe schließlich gelingt der Versuch der Kreuzung entstandener Formen. Das Erschaffene ist in die Phase vorangeschritten, in der es der Schöpfung schließlich gelingt, durch Verbindungen selbst Neues eigener Art (durch Zeugung = Schöpfung) hervorzubringen (Merkur-Sprosse). Merkur, auch als der geflügelte Götterbote bekannt, der, sich durch den Raum bewegend, Verbindungen herstellt, dabei im Resultat die gewonnenen Ideen ihrer Schöpfer aufgreift, diese kombiniert, und als neue Ideen, als neue Entwicklungen (artfremde Kinder) (Schilddrüse – Gewebeveränderungen), verbreitet bzw. in die Welt setzt (Nichts anderes geschieht alltäglich bei Tratsch und Klatsch, am Stammtisch. Aus Ursprünglichem wird das zurechtgefälscht [gefeilscht], wie es dem eigenen [Rampen-]Licht zuträglich ist. Unwahre, unverträgliche, auch ungesunde Zellen entstehen so, Schattenseiten). Genutzt im medizinischen Bereich hieße das, dass im Umkehrschluss, aufgegriffene Ideen, gepaart mit lichtvollen (Gebote-nen) eigenen Kombinationen oder Zuordnungen, dass entstehende eigene gesunde Denkmuster, oder auch die in einem Unterstützungsprozess selbstlosen reinen wohlwollenden Muster eines behandelnden Arztes oder Beraters, sich entscheidend auf positive Zellveränderungen im eigenen Körper auswirken können.

Schlüssel zu unserem Erbgut

Die Sprossen dieser Himmelsleiter haben jeweils eine aktive und eine passive Seite, die in der Reihe nach unten (bzw. oben) ständig wechselseitig versetzt zum Einsatz kommen. Eine sich dadurch spiralförmig drehende Doppelhelix wird (zufällig?) nachvollziehbar, die (DNA-) Bausteine unseres Erbgutes, die alle Informationen der Schöpfung enthalten.

**Aktive und passive Seiten der Sprossen/Stufen
in der Reihe von oben nach unten:**

Saturn-Stufe: Aktiv werden im Zeichen Wassermann Ideen einer neuen Form, eine neue Lebensform verfolgt. Passive Seite: Im Zeichen Steinbock geht es darum, im Dienst einer höchsten erreichten Form (voll entwickelter Mensch) zu stehen, damit sie auch anderen zur Leiter werden kann.

Jupiter-Stufe: Aktiv wird im Zeichen Schützen noch der Licht-Weg zu diesem höchsten Ziel irdischen Ziel verfolgt, während sich im Zeichen Fische (passive Seite) alles in Hingabe einem geistigen Licht des alles Umfassenden unterwirft.

Mars-Stufe: Aktiv wird im Zeichen Widder der Kampf aufgenommen, um sich seinen Platz in der Welt zu schaffen. Passiv sieht man sich im Zeichen Skorpion mit Gegnern konfrontiert, die ihrerseits den Kampf aufnehmen.

Venus-Stufe: Aktive Suche nach Partnerschaft im Zeichen Waage für den eigenen Fortbestand (durch Nachkommen). Passives Genießen und Verdauen der Nahrung, um die eigene Substanz zu sichern im Zeichen Stier.

Merkur-Stufe: Aktives Einfädeln von ständig neuen Kontakten und Verbindungen im Zeichen Zwilling. Passiv im Dienste von Verbindungen stehen im Zeichen Jungfrau.

Sonne-Mond-Stufe: Verständnis von aktiver nach außen strebender (Löwe) und passiver im innen tragender (Krebs) Rollenverteilung im menschlichen Miteinander.

Wie unten, so oben. Die Schichtung der Evolution hinter bzw. unter uns findet in der Schichtung unserer Planeten über uns

Entsprechungen. Verdeutlicht wurde das bereits am Beispiel der Wirbelsäule, wo sich mit einem Urwissen, aus ihrer Mitte heraus nach oben wie auch nach unten (gleiche) Entsprechungen finden lassen. Ein Pflanzenstiel kann einem dabei als Grundplan ins Gedächtnis kommen, mit paarweise angeordneten Blättern, der sich zusätzlich aus einer (drehbaren Erde) Mittelachse gleichermaßen nach oben wie auch nach unten entwickelt. Aus dieser Mitte, einem mittleren Organ-Kern (Doppelkern) im Bereich der Wirbelsäule, windet sich wie bei einem Transformator eine erste, eine Primär-Spule, (entsprechend ein Band der aneinander gereihten Planeten), nach oben und gleichzeitig eine zweite, eine Sekundär-Spule gleicher Art, nach unten. Ein Doppelkern hier deshalb, da der (persönliche) Kern in der Mitte mit einem aktiven und einem passiven Element durch die zwei Lichter Sonne und Mond dargestellt wird. Einmal das eigenständige Licht der Sonne (Herzbereich –Brustkorb, männliche Zuordnung), dazu der vom Sonnenlicht abhängige Mond (Magenbereich – Busen, weibliche Zuordnung). Fließende Energie im oberen wird auf den unteren Bereich induziert, also übertragen bzw. im zusammenhängenden großen Kreislauf dorthin geführt. Hier könnte man aus der Schrift nachvollziehen: Aus der männlichen „Rippe" erwächst die weibliche Seite (Frau).

Energie wird also durch die verschiedenen Stufen nach oben bzw. unten transformiert bzw. für den Körper optimal verwertbar umgesetzt. Wie im flüssigen Bereich, dem Blutkreislauf mit dem Herzen als reinigender (transformierender) Ein- und Ausgangsquelle, so im gasförmigen Bereich, dem Atemsystem mit seinem Hauptorgan, diesem Stufen- bzw. Filtersystem, der Lunge.

Sind also bestimmte Schichten in ihrer Qualitätszuordnung im gelebten Muster eines Menschen nicht in diesen zusammenhängenden Fluss eingeordnet, kurz: blockiert, dann kann sich das, ausgehend von der geistigen (mentalen) Einstellung, ebenso im Bereich der Psyche oder auf der Körperebene als Leidensdruck bemerkbar machen.

Spirituelle Heilung

Spirituelle Heilung (Operation) hat insofern ihre Berechtigung, als sie untere Schichten bearbeiten kann, ohne die oberen blutig öffnen zu müssen. Da die Schöpfung und damit auch der Aufbau des Menschen in aufeinander folgenden Stufen (Schichten) erfolgte, die zwar nicht mehr sichtbar, aber noch als Unterbau-Informationen vorhanden sein mögen, kann es z. B. notwendig werden, erst Aufbauschichten wegzutrennen, um am Unterbau ungute Entwicklungen bzw. Informationen zu korrigieren, zu stabilisieren, um dann die Folgeschichten, den Aufbau wieder auf- bzw. anzusetzen. Alle Bereiche können so wieder durch Wachklicken ausgefallener Informationen an den Strom-Kreislauf angeschlossen werden. Erfolg auf Dauer ist nur garantiert, wenn darüber Liegendes, das eigene Denken (der Geist), auch diesem neuen Muster entspricht oder auf den Weg dahin gebracht wird. Wenn nicht, passen sich die auf Fehlinformationen beruhenden aufbauenden Schichten nicht in veränderte Grundmauern ein.

Solche spirituellen unblutigen Eingriffe sind bei reiner Motivation, intuitiv, ohne medizinisches Schulwissen möglich. Bedingung ist, sich bittend, einer reinen, wohlwollenden geistigen Führung anzuvertrauen, um sich von ihr leiten zu lassen, den menschlichen Ehrenkodex dabei nicht außer Acht lassend. Unser eigenes Wissen reicht nicht aus, die Geheimnisse des Lebens in diesen Bereichen mit dem Verstand zu erfassen. Auch eine unblutige Wunde will spirituell schließlich mit einem Pflaster, einem Zeichen der Sorge, der Liebe, verbunden sein, denn die Liebe ist das oberste Gebot der Heilung. Man wird durch diese geführte Handlung, durch rituell vollzogene Zeichen, zum Sakrament, zum Werkzeug einer weisen Instanz, im Sinne des Heilung Suchenden. Nicht mehr und nicht weniger.

Nicht zu unterschätzen ist in diesem Zusammenhang noch eine zweite Komponente, vorausgesetzt der reinen Motivation für den Heilung Suchenden. Gleich in einen Spiegel schauend, kann ich in mir, jedoch unter dieser geistigen Führung, mein Gegenüber entdecken und spüren und dadurch erkennend Wunden spirituell versorgen. Auch Selbsterkenntnis befähigt, andere auf dem Weg der Heilung weiterzubringen.

Zwischen den Ebenen (Stufen, Schichten)

Wenn eine Ebene ihren Abschluss findet, ihre Höchstform erreicht, fordert ein Übergang auf eine neue Stufe seine Rechte. Bemerkbar macht sich das z. B., wenn das Alte (Muster) unerträglich wird, zunehmend in Abhängigkeiten bringt, sich nicht mehr deckt mit einem Verständnis von würdigem Leben. Die Witterung (Geruchsinn) für Sinn Gebendes, für verwertbare Energien, lässt nach, oder andere Sinne scheinen verloren zu gehen. Wie der bisherige Energiefluss beim Durchtrennen der Nabelschnur versiegt, ist man, um gesund zu überleben, gefordert, nach Luft, Nahrung, Begegnung, in einer „neuen Welt" zu schnappen. Erst beim Austritt durch eine Art Geburtskanal wird es dem eigenen Energiesystem möglich, sich den neuen, wohl vorbereiteten, auffangenden Bedingungen ganz zu überlassen.

Zwischen den Welten (Seiten)

Wenn ein geliebter Mensch, eine geliebte Energie, zur anderen Seite wechselt, reißt deshalb die Verbindung nicht ab. Kommunikation findet nur auf einer anderen Frequenz statt. Aus der (für uns) geistigen Welt ist die Energie dieses gegangenen Menschen, ist dieser Engel dann befähigt, mich in meiner Welt zu unterstützen mit Möglichkeiten, die er auf der gleichen Seite mit mir nicht hatte. Auf diese Weise verhilft er mir, mich weiterzuentwickeln, befähigt mich, wenn ich gereift und eines Tages bereit bin, besser vorbereitet die Seiten zu wechseln.

Es bedarf ganz anderer Formen, Formeln, um das Wissen einer geistigen Welt von dieser anderen Seite aus (auch von wenigen Menschen auf der eigenen Seite, die dieses Verständnis bereits in sich tragen), herab-/herüberzutransformieren in einen irdisch brauchbaren, nutzbaren Zustand.

Zwischen den Zeitaltern

Wenn der Plan der geistigen Welt des Urvaters vollbracht, durch menschliche Unterwerfung angenommen bzw. in diesem Sinne erfüllt wurde, öffnet oder wandelt die ihm verbundene Urmutter die Erde erneut für eine Leben bejahende unbedarfte, kindliche Ursprünglichkeit. Das Unmögliche wird möglich. Die menschliche Wunschnatur, das Kleine siegt über göttliche Größe und lässt sich erneut fallen in der Mutter Natur Schoß, staunend über die Unterwerfung der geistigen Größe, die sich zu Füßen legt. Das Herz der Urmutter für die Erde, die Liebe der Gottesmutter (Maria), die ihr Kind, mit seinem Leben zu Ehren des Gottesvaters, diesem überließ, überhöhte durch die trotz allem noch in ihr ruhende kindliche Reinheit, die Gebote der Liebe. Bereit bei dem

Anblick ihres Kindes, dieser paradiesischen Frucht, beißt sie in die bittere Seite des Apfels und reicht ihn dem Stammvater weiter. Das verschenkte eigene Glück, das Band der Liebe zum eigenen Kind, erweckt dieses, dessen Herz immer neu, und es folgt diesem inneren Ruf, sucht den Weg zu ihr zurück. Sein Herz bewahrt die Liebe, die stärker ist als alle Vernunft.

Der Weg wird frei für einen neuen geistigen Plan, um der Erde, den Menschen, den weiteren Weg zu zeigen. Die Form, Kinder der Liebe, folgen erneut einem bereitstehenden Ziel. Wenn der Geist sich den Sinnen unterwirft, die Sinne sich vom Geist befruchten lassen, pflanzt sich die Stärke der Liebe in ihrer Schwäche, in dieser sich kreuzenden Bindung, in diesem Kreuz selbst ein, in der Mutter Schoß, um in sich und mit sich, offensichtlich werdend durch die eigene Geburt, diese Verbindung der Welt zu verkünden. Dieser Weg wird frei in dem Augenblick, in dem der Funke, der bindende Ring (auf die gewählten Eltern) überspringt. Es ist der Moment, in dem sich sinnliche Wunschnatur der (Ur-)Mutter und hereindrängender Plan des (Ur-)Vaters treffen. Zugrunde liegend läutet die unbefleckte Paarung zweier Naturgewalten, die mit ihren Gegensätzen, als Götter verschiedener Welten, in einem Zeitplan aufeinander treffen, einen neuen Anbeginn, ein neues Zeitalter ein, für das Menschenkind, den Wanderer zwischen den Welten.

Der Geist der liebenden Mutter Erde, der irdischen Mutter, der auf Erden höher ist als alle idealistische geistige Vernunft, bewahre diese reine Liebe, in die sich, in die sie, der Geist des himmlischen Vaters verwandelt, indem er sich uns Menschen gibt.

Sinnes-Wandlungen, Transformation der Sinne

Sinnestäuschungen, Sinnlosigkeit führt zu Handlungsunfähigkeit. Diese Orientierungslosigkeit beginnt die Sinne, die Witterungsantennen, die Instinkte wieder zu schärfen für das, was nicht mehr selbstverständlich funktioniert, einem nicht mehr zufällt. Totale Auslieferung oder Hingabe an dieses körpereigene natürliche System wird zum Akt größter Handlungsbereitschaft. Meldungen über das Zwischenhirn an das Großhirn klären Sinnbringendes, schärfen den Blick für Diskrepanz zwischen den äußeren Zuständen und inneren Bedürfnissen. Der zu gehende Weg befreit sich von Sicht verschleiernden Nebeln. Die Richtung wird klar.

Das Alte kann nicht mehr aufrechterhalten werden, die Intelligenz der Instinktnatur ist bereits vorausgeeilt, den, der stehen bleibt, im Stich lassend, um ihn zu veranlassen, seinen Sinnen, dem Sinn, hinterherzulaufen. Versacken in der Genussphase der Bewegungslosigkeit mobilisiert, wenn die Energie unter einen erträglichen Punkt herunterfährt, den inneren Antrieb (Jagdinstinkt) etwa nach dem Motto: Vogel, friss oder stirb.

Geist gepaart mit geschärften Sinnen, erhöht enorm die Aufmerksamkeit für Strömungen der inneren (Körper) und äußeren Natur (Umwelt). Das befähigt zu klaren Handlungen und bündelt bereitstehende Energien in stabile Formen, zu real anwendbaren Formeln. Formloses drängt (uns), sich in Formen des neuen gereiften Planes zu ergießen. Ohne gezimmerte Arche reißen uns (symbolisch) die Ströme notfalls unvorbereitet, mit stetig steigenden Wassermassen fort.

Beispiel für das (Mit-)Zimmern an einer (Gemeinschafts-) Arche:

Bildhafte Darstellungen (Plan) auf der Suche nach vorhandenem Holz, sprich Formen, Formeln, Grundformeln (Gerüst), Entstehungsformeln, Formeln Diesseits und Jenseits (Bekanntem und Unbekanntem bzw. nicht Einsehbarem anhand bekannter Konsequenzen).

Astrologischer Kreis, innerer Schlüssel,
Samenkorn (Anlage Mensch)

Wirbellose Natur

Wirbelsäule

Evolutionskette Mensch
Mensch innen und außen (irdisch und feinstofflich)
aufwärts und abwärts, aufsteigen und herabkommen
auf der Erde stehend – im Himmel stehend (hängend)
Erdwurzeln und Luftwurzeln
irdische Heimat und himmlische Heimat
Baum und Weltenbaum

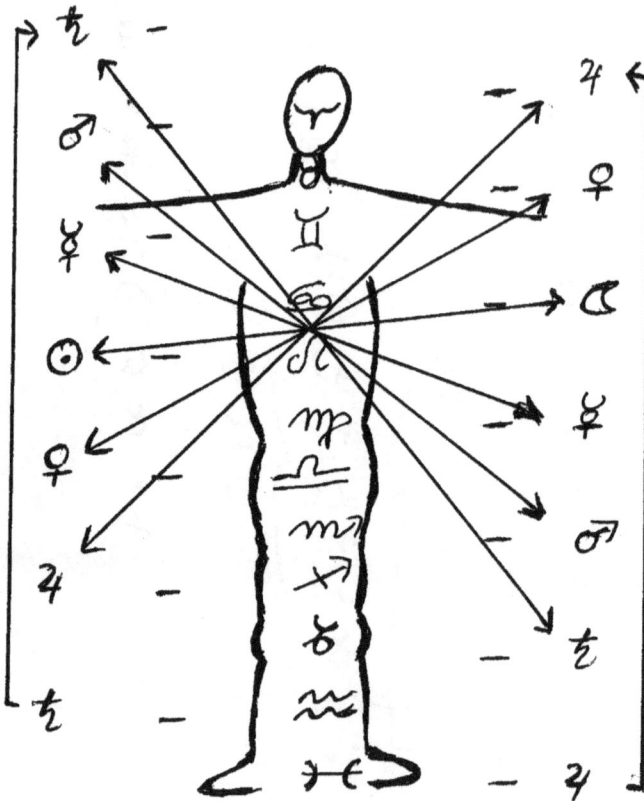

Mensch als Planetensystem, ein Spiegel unseres Sonnensystems
mit Ich-Zentrum in der Mitte der Wirbelsäule,
Zentrum zunächst umkreist von den Lichtern Sonne und Mond

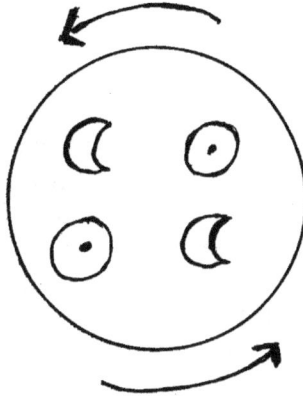

Drehscheibe des Lebens, Musterwechsel Vorherrschaft
Tag + Nacht, männlich + weiblich,
Sonnenreich + Mondreich, Oberwelt + Unterwelt

Matriarchale und patriarchale Strukturen

Die zwei Lichter, Sonne und Mond (Hauptorgane), drehen sich
subjektiv um unseren Erdmittelpunkt. In zeitlichem Rhythmus
steht einmal die Sonne oben, während der Mond nach unten
gewandert ist, dann wechselt dieses Spiel. Das gleiche Muster
dreht sich im Menschen, um seinen Nabel (der Welt), und ist
gleichbedeutend mit den wechselnden Kulturen, in denen sich
soziale Strukturen, die sich einst an der Mutterlinie orientierten
und mit den Mondphasen lebten, einen Wandel derart vollzogen, dass eine Heirat in die Vaterfamilie die Stammzugehörig-
keit regelte und gleichlaufend ein Sonnenkalender den Mond-
kalender ablöste.

167

Goldene und schwarze Sonne (Blick in die Assoziationswelt, ein Spiegelkabinett)

Die Sonne, die wir als Licht zum Mittelpunkt unseres äußeren Lebens machen, entspricht somit unserem inneren Licht. Sie hat für uns, wie der Mond, eine sichtbare und eine unsichtbare, sich abwendende Seite. Diese andere Seite liegt für uns (nachts) im Dunkeln, ist für uns vielleicht wie ein dunkles Loch, in das subjektiv das Licht der sichtbaren Seite hineingefallen ist. Von der einen Seite die goldene Kugel im Brunnen, von der anderen Seite die schwarze Spinne (Skorpion, Schlange) im (Licht-) Nest (Sonnenfinsternis), die um sich ihre Lichtstrahlen, ihre Fäden in die Welt spinnt, um sich weltweit zu vernetzen. Wie ein Hochspannungsaggregat (die Welt) magnetisierend, regungslos lauernd, stürzt sie sich „schlag"-artig, mit Lichtgeschwindigkeit, mit aussaugenden lähmenden Bissen auf jeden, der sich mit diesen Netzen verbindet. Dem Phänomen Elektrosmog auf der Spur zeigt sich hier z. B., welch endlose Spur an Assoziationen äußere Wahrnehmungen nach sich ziehen können, dadurch dass sich unser inneres System gleichschaltet.

Während also entsprechend unsere vordere Körperseite das Licht, die Sonne, im Herzen trägt, sitzen uns nach diesem Muster, abgewandt auf der hinteren Seite, der Schatten, das schwarze Loch, der alles vernichtende Feind im Rücken, die Angst im Nacken. Unvermittelte Sonnenfinsternisse bestätigten vermutlich noch unserem Wahrnehmungsspeicher diese subjektive „Tat"-Sache.

In der Polarität lebend, so eine mögliche Assoziation, ruft die goldene (weiße) Sonne, an die für uns dunkle Rückseite gebunden, diese schwarze Sonne (Schattenseite) auf den Plan.

Dieser z. B. nicht belegbaren (naiven) Möglichkeit, dieser Assoziation, entspricht schließlich wissenschaftlich nachweisbar, unserer An-Sicht der Laufrichtung der Sonne, der die Sicht des Rückens bzw. unsere Wahrnehmung im Rücken entgegensteht.

Weg vorwärts, ins Licht („Zukunfts"-Horoskop)
Weg rückwärts, Schatten-Horoskop

Alles im Begriff, innerhalb eines Zeitablaufes in eine Richtung zu streben, verdeutlicht die Skizze, dass die (gewünschte) zu gehende Richtung der weißen (Licht-)Sonne, auf der Rückseite, die schwarze Seite, die Gegenströmung hervorruft. Ins Gedächtnis kommt dabei ein sich aus dem Meer wagender Krebs, der sich wieder zurück in die Tiefen bewegt. Auch das Zeichen Krebs in einem Horoskop-Schema ist Dreh- und Angelpunkt, um emporzusteigen (Steinbock) oder hinabzutauchen in den Kollektiven Raum, das (uns) Unbewusste. (Vertiefend, erweiternd, eröffnet im Übrigen auch hier wieder die Astrologie Möglichkeiten, selbst individuellen Themen näher zu kommen, mit Hilfe eines Schattenhoroskops, in der Fachsprache, dem Mondknotenhoroskop, dessen Kreisrichtung, entgegengesetzt drehend, in die Tiefe läuft)
Dieses bislang nicht einsehbare (dunkle) Schicksalsrad, als Geschehen den Gedanken folgend, dreht sich, um uns irgendwann, wie ein Dieb in der Nacht, unvermittelt, da von uns zeitlich von keinem Ordnungssystem erfasst, zu Fall zu bringen, hinunterzuziehen. Die schwarze Lauer nutzt die Gunst der Stunde, um das/unser Licht zu löschen, zu überschatten, um uns mit der Schattenseite bekannt zu machen.

169

Die Zeit ist reif, durch Erlernen dieser Gesetze uns bisher dadurch den Sinn bringendes, jedoch im Grunde sinnloses Sterben, zu überwinden.

Bis zu dieser Reife erlösend, als Erlöser, steht uns (z. B. assoziativ) das von unserer Wahrnehmung erfasste Licht des Mondes zur Seite. Das Licht des Mondes führt uns im Kreis, wie in einem Karussell (immer wieder) zum Licht der Sonne, so wie uns im persönlichen Bereich das Erbgut des Kindes den Schlüssel zum Vater in die Hand gibt (Einer Übertragung auf einen größeren Rahmen, den geistigen Bereich, entspringt der Satz: „Niemand kommt zum Vater, denn durch mich"). Irgendwann, in einer langen Dunkelheit, wissen wir tief in uns, erwacht der Mond (in uns) und gibt uns einen Hauch der Sonne wieder. Wie Hänsel und Gretel finden wir im Dunkeln, vater- und mutterlos, den Weg. Wie eine brennende Nachttischlampe am Bett eines Kindes hält dann der Lichtfaden durch die einsame brutale Nacht des Lebens bis zum kommenden Morgen.

Ähnlich einem Gestorbenen harren wir aus, bis sich das Schicksalsrad wieder ins Licht dreht, das Leben, die Sonne zu uns zurückfindet. Getrost, getröstet können wir dann auf-(er)stehen, dankbar für den Sieg des Lebens über den Tod. Dankbar werden wir unserem unsichtbaren Erlöser, der uns das Licht in die Einsamkeit der Nacht schickte, um als Einziger mit uns auszuharren, in seiner endlosen Liebe, die uns nie ganz loslässt.

Wach können wir werden für diese Visionen, die sich tragfähig herauslösen aus dem Meer der Illusionen. Sie heben uns aus alten Fallstricken heraus. Wie außen, so innen. Indem wir in uns den Erlöser suchen, oder indem wir in uns die Lösung suchen, nehmen wir Dinge anders wahr und entdecken den guten Kern, indem er uns Verstehen lehrt, in allem. Dadurch kommen wir dem Gesuchten in den Nebeln näher, können zunehmend erkennen und eingreifen in unser Schicksalsrad, indem wir ein Wissen nutzen.

Beispiel für Lernprozesse. Aus ungesättigten Vorstellungen auftauchende Visionen (Illusionen?) in bildhafter Darstellung:

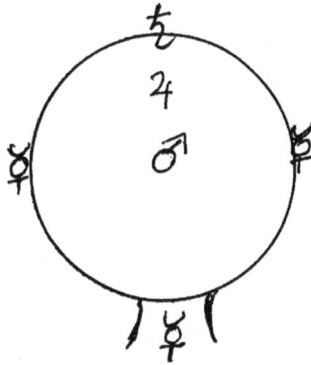

Kopf des Ganzen
Anfang, Urzeit, Über-/Unterbau, Herkunft,
Samenkorn, Raum-Kapsel, Kopf der Schlange
☿ Merkur / Flügel kreisen
   Hals = verbindendes Element
       Verbindungen eingehendes Element (Merkur-Sprosse)
       Anbindung an einen Körper
♂ Mars (Nase als Mittelpunkt)
   Samenkorn zeigt die Abstammung (Stammhalter) an
   beleuchtet von dem Licht Jupiter (♃)
   umrundet und begrenzt außerdem von der Nacht,
   der Dunkelheit, mit Saturn (♄)

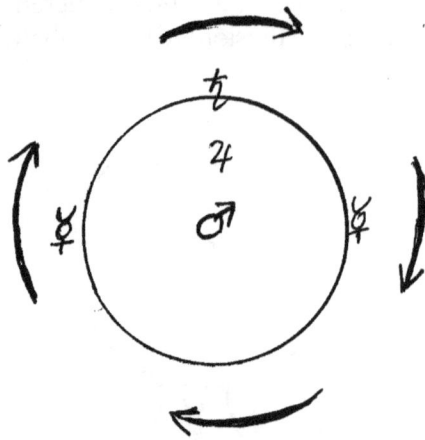

Kopf, Abheb-Objekt, Fliegende Untertasse (Meteorit?)

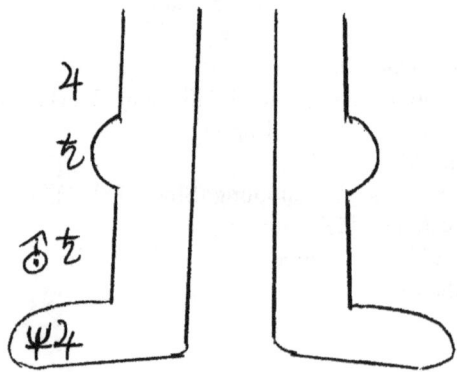

Unterbau (Überbau), Lande-Fahr-Gestell
Fortbewegungsgestänge, Auffang-Federn

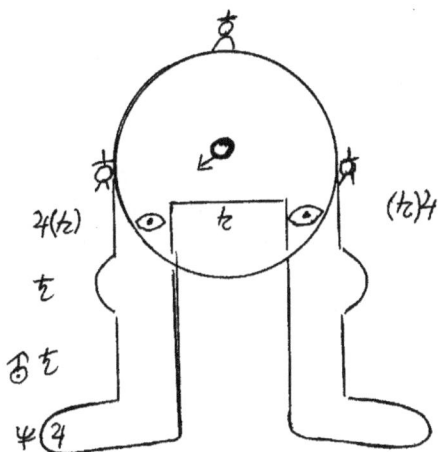

Irdischer Überirdischer (noch ohne Wirbelsäule)
Vorläufer Mensch, ein Außerirdischer?
Theorie und bzw. im Bild vertont (Tonkörper, Lehmkörper)
♂ Mars
    Landung, abfallende Kapsel
    Einschlag des Samenkorns, der Mars-Information auf der Erde?
☿ Merkur / Flügel, Lungenflügel, Druckausgleich
    Fallschirme (Pusteblume)

Davon ausgehend, dass der Mensch ein Abbild des Schöpfers, seiner Schöpfung selbst, seines Systems, Planetensystems, seiner Welt ist, kann man im Umkehrschluss dem Wissen um die Entstehung unseres Sonnensystems durch Selbstbeobachtung näher kommen. Gleichzeitiges Suchen nach Assoziationen in unserem Planetensystem lässt Analogien entdecken. Die Zeugung eines neuen Menschen, seine Geburt und weitere Entwicklung lassen, im Vergleich mit Himmelskörpern, Rückschlüsse ziehen auf deren Entstehung oder Herkunft.

Verständlich wird im Zusammenhang, den Menschen als Abbild der Schöpfung zu erkennen, auch, dass tiefer blickende Menschen um den sichtbaren irdischen menschlichen Körper weitere Körper entdeckt haben. So z. B. den Emotionalkörper, gleich dem Mond, der um die Erde kreist, den Mentalkörper, gleich der Sonne, die in einem weiteren Kreis (subjektiv) um die Erde kreist usw. Eine menschliche Aura zu sehen, eine, seine Ausstrahlung könnte man ebenso mit dem ihn umkreisenden Licht der Sonne in Verbindung bringen. Kausale Zusammenhänge wieder zu erkennen nimmt auf der Sinnsuche Kriegen im besten Sinne die Munition.

Des Teufels „lockere Zügel"

„Warum willst du dich von Geboten einschränken lassen?", fragt der Teufel. „Das ist doch lauter erfundener Kram. Damit wirst du doch nur zum Werkzeug fixer Ideen. Was könntest du alles haben, wenn du dich diesen selbstsüchtigen Interessen anderer nicht mehr unterwirfst? Glaube an das, was du siehst. Von nichts kommt nichts. Nimm dir das, was sich dir anbietet. Schau dir nur z. B. mal das Anwesen oder die Firma von XY. an. Ich kenne dich, das wäre doch dein Traum. Und dieser da, sein Besitzer, wirtschaftet es doch offensichtlich herunter. Natürlich kann man es ihm nicht einfach wegnehmen. Gesetze haben da einen Riegel vorgeschoben. Aber in dem Fall. Ist das richtig? Wie man es dreht, es ist leider so. Aber vielleicht hast du doch noch Glück, und es kommt zum Konkurs. Das wäre dann seine eigene Schuld, und du brauchtest kein schlechtes Gewissen zu haben. Denn dann böte es sich dir doch geradezu an. Das meine ich, verstehst du? Du musst nur auf der Lauer liegen und die Augen offen halten. Glaube mir, was ich dir jetzt sage: ‚Deine Stunde kommt.'"

Analyse: Abgesehen davon dass, wie inzwischen klar wurde, einer inneren starken Wunschnatur, der Gedankenenergie folgend, alles im Außen Formen annimmt, so geht doch damit auch wie beschrieben einher, dass das, was ich in den Energiefluss der Natur hinaussende, auf mich zurückkommt, aus dem Grunde, dass es mich einmalig gibt auf der Welt. Wäre ich nicht an das Energienetz dieser Natur angeschlossen, würde ich nicht versorgt und es flösse mir nicht zu, was zu mir und meinem Leben gehört. Speise ich als Absender mit meinem ureigensten Code (Unterschrift) eigene Forderungen ein, kommen diese, wenn sie stark genug sind, mir als Empfänger entgegen, Energie ausgleichend entziehen sie es mir jedoch wieder, auf gleicher Wellenlänge, wie aus heiterem Himmel, vor einem nächsten großen Atemzug.

Worin liegt dann der Sinn dieses Ganzen? Des Teufels ungleicher Bruder, im Grunde eins (einig) mit diesem, ist den Menschen freundlich gesinnt. Tief im Herzen der Menschen erkennt auch er deren Wünsche. Indem er ihnen diese (bei anderen) vor Augen führt, ist es sein Sinnen, dass sie sich auf ihren eigenen Weg machen, um sich dieses gespiegelte Glück auf der Abenteuerreise „Leben", durch Erfahrung lernend, selbst auch suchend, zu verdienen. Dazu muss der Bereich, der Sitz eines anderen, dessen Paradies, verlassen werden, durch einen eigenen Neuanfang.

Des Teufels List entlarvt sich mir dadurch und öffnet mir doch mein Herz (für ihn), indem ich das Glück finde, das nur zu mir gehört. Der Wolf im Schafspelz zeigt sich dann nackt. Er geht hinaus in die Wälder, um seine Urtöne erklingen zu lassen. Die Ursehnsucht des Urwolfes, des Urvaters erwacht, erweckt, dass einem ein Schauer göttlichen Streichelns über den Rücken fließt, wenn er davon träumt, des Menschen bester und treuester Freund zu sein.

Der Weg zu Gott führt durch die Hölle

Oder anders formuliert: Auf unserem Weg durch die Polaritäten von Gut und Böse erreichen wir das Gute als unser gestecktes Ziel, erreichen wir dieses Licht nur, wenn wir uns zuvor dem Bösen, dem (unserem) Schatten zugewendet haben. Unvoreingenommenes Hinsehen lässt, man kann es Prüfungen nennen, eigenen, selbst verursachten, hemmenden Abhängigkeiten auf die Spur kommen. Erst dieses Erkennen befreit dazu, sich unbeirrbar von diesen Verstrickungen lösen zu können.

Auch hier liefert wieder die Astrologie einen Schlüssel, um durch Wechselwirkung zwischen äußerlich sichtbaren Abläufen und verdeckten Hintergrundideen, dem näher zu kommen.

Entschlüsselter Sinn hier im Folgenden, beispielgebend grob aufgezeigt, mit Hilfe äußerer (exoterischer) und innerer (esoterischer) Herrscher der Tierkreiszeichen. Beim Lauf durch den (Lebens-)Kreis führt das Einbeziehen der jeweils gegenüberliegenden Seite (Opposition) weiter zur jeweils folgenden Aufgabe. Aktiv und Passiv wechseln sich dabei in diesem natürlichen Ablauf ständig ab. Dabei kann es sein, dass man sich an einer Stelle selbst entdeckt, an der man schon ein halbes Leben kaut, und nicht weiter kommt.

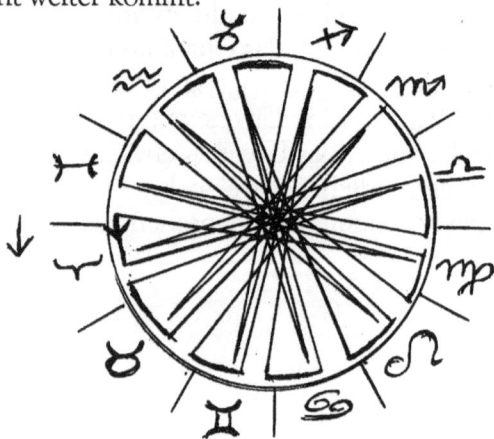

Durchlauf Horoskop unter Einbezug der Oppositionen

Einstieg im Zeichen Widder
Äußerlich sichtbar, exoterischer Herrscher Mars:
<u>Aktive</u> Aufnahme der Witterung, Nahrungssuche, Anlocken.
Mit der Hintergrundidee, esoterischer Herrscher Merkur:
Die Verbindung zum anderen (Beutetier, fütterndes Tier/ Mensch, anderes Geschlecht) zu finden (Wartend, <u>passiv</u> erleben, wie das Gesuchte beim Lauern über den Weg läuft bzw. nach dem Schreien kommt).
Einbezogen ist dadurch das gegenüberliegende Zeichen Waage, das das Ich ergänzende Du (Waage, mit dem äußeren Herrscher Venus, liefert die Partnerin zum Widder-Mars).
Das führt weiter zur nächsten Aufgabe

im Zeichen Stier
Äußerlich sichtbar, exoterischer Herrscher Venus:
<u>Passiv</u> genießend Energie verwerten. Sich füttern lassen. Sich Substanz einverleiben. Sich dem Genuss hingeben.
Mit der Hintergrundidee, esoterischer Herrscher Vulkan:
<u>Aktiv</u> sich ausverleiben, auszuleben, Feuer der Fülle zu sprühen, eigenes auszustoßen, zu gebären, für Nachkommen zu sorgen. Einbezogen ist dadurch das gegenüberliegende Zeichen Skorpion, der geschützte, intime Bereich des anderen (Skorpion, mit dem äußeren Herrscher Mars, liefert den Partner zur Stier-Venus).
Das führt weiter zur nächsten Aufgabe

im Zeichen Zwillinge
Äußerlich sichtbar, exoterischer Herrscher Merkur:
<u>Aktiv</u> Verbindungen herstellen, zuhören und weiter erzählen, lernen und unterrichten.
Mit der Hintergrundidee, esoterischer Herrscher Venus:

177

Passiv sich ein Nest des Verschmelzens, des Paarens, der Begegnung, der Hoch-Zeit bauen zu lassen.

Einbezogen ist dadurch das gegenüberliegende Zeichen Schütze, das eigene Ideen (er-)findet für das zu erreichende Ziel (Schütze, mit dem äußeren Herrscher Jupiter, liefert die sinnliche Erfassung [Öffnung], die bildhafte Vorstellung mit Umsetzung, zum kombinierenden [tricksenden] Zwillinge-Merkur, der seine Verbindungen spielen lässt, damit die Pferdchen laufen).

Das führt weiter zur nächsten Aufgabe

im Zeichen Krebs

Äußerlich sichtbar, exoterischer Herrscher Mond:

Passiv im Nest sitzen, sich verwöhnen lassen, sich anstrahlen, wärmen lassen.

Mit der Hintergrundidee, esoterischer Herrscher Neptun:

Aktiv in einem Kreis der Liebe als der Mittelpunkt zu wachsen, sich hochzuarbeiten.

Einbezogen ist dadurch das gegenüberliegende Zeichen Steinbock, dessen verlässliche Zielstrebigkeit ihn hoch hinaufklettern lässt, um sein Bestes zu geben (Steinbock, mit dem äußeren Herrscher Saturn, liefert das erziehende Vorbild [Mutter] für den kindlichen Krebs-Mond).

Das führt weiter zur nächsten Aufgabe

im Zeichen Löwe

Äußerlich sichtbar, exoterischer Herrscher Sonne:

Aktiv sich im Mittelpunkt bewegen, darum kämpfen, andere, anderes in die eigene Abhängigkeit bringen, sich sein eigenes Königreich schaffen, um darin zu regieren, um es, um sich selbst (innerhalb dieser Mauern) zu vergrößern, zu schützen, zu verteidigen.

Mit der Hintergrundidee, esoterischer Herrscher auch Sonne:

Passiv auf andere herabzustrahlen, sich als Größe dem Applaus hin zu geben.

178

Einbezogen ist dadurch das gegenüberliegende Zeichen Wassermann, das mit seinen ganz eigenen Interessen, damit (dogmatisch oder tolerant) über den Dingen oder Bedürfnissen der anderen steht (Wassermann, mit den zwei äußeren Herrschern Saturn und Uranus, setzt damit zum einen mit Saturn einen Grenzen setzenden Gegenpol zur alles vereinnahmenden Löwe-Sonne, bringt aber mit Uranus gleichzeitig seine vom Kollektiv abweichenden Vorstellungen und Absichten zum Durchbruch und wagt es dadurch, den Glanz der Löwe-Sonne nicht ohne weiteres zu unterstreichen).
Das führt weiter zur nächsten Aufgabe

im Zeichen Jungfrau
Äußerlich sichtbar, exoterischer Herrscher Merkur:
Passiv sich (demütig bzw. freudig) verbleibenden bedürftigen Kontaktsuchen öffnen, um mit den gemachten Erfahrungen, dem angehäuften Wissen um natürliche Gesetze und Bedürfnisse eines gesunden Miteinanders, anderen weiterzuhelfen oder zu dienen. Bereitstehen für Ordnung und Heilung
Mit der Hintergrundidee, esoterischer Herrscher Mond:
Aktiv durch eigene Unterwerfung (im Gegensatz zu Löwe) für andere zu wirken, um (wieder) Sinn bringend in der Welt gebraucht zu werden.
Einbezogen ist dadurch das gegenüberliegende Zeichen Fische, das befähigt ist, sich mit den eigenen Sinnen überall einzufühlen. Dabei entdeckt es hemmende Formen (Blockaden) und findet die (Los-) Lösung (Fische, mit den äußeren beiden Herrschern Jupiter und Neptun, ergänzt damit zum einen mit seiner Sinnenwachheit [Jupiter], die analytisch kombinierende Vorgehensweise des Jungfrau-Merkur, und zum anderen kommen mit Neptun Liebesideale, ideale Vorstellungen von Liebe ins Spiel, die aus einer Unterwürfigkeit herausheben in ein gleichstellendes Miteinander).
Das führt weiter zur nächsten Aufgabe

im Zeichen Waage
Äußerlich sichtbar, exoterischer Herrscher Venus:
Aktiv zwischenmenschlich ausgleichende Harmonie schaffen, gerechte Verträge ausarbeiten, Angleichungen fördern, Gleichstellungen schaffen oder (faule) Kompromisse fordern. Mit der Hintergrundidee, esoterischer Herrscher Uranus:
Passiv für Zündstoff sorgen, der herausreißt aus der Vorstellung, selbst das Maß der Dinge am besten zu kennen und es, über andere hinweg, zum Wohle aller umsetzen zu können.
Einbezogen ist dadurch das gegenüberliegende Zeichen Widder, das, nicht alles billigend, einem ganz eigenen (eigensinnigen) Kopf Rechnung trägt (Widder, mit dem äußeren Herrscher Mars, bringt den natürlichen immer dringlicher werdenden Überlebenskampf mit ins Spiel, um bestehen zu können. Zwei Urbedürfnisse prallen aufeinander, um notfalls alles auf Messers Schneide auszutragen. Waage-Venus und Widder-Mars scheiden die Geister).
Das führt weiter zur nächsten Aufgabe

im Zeichen Skorpion
Äußerlich sichtbar, exoterischer Herrscher Mars:
Passiv angekommen (worden) am tiefsten Punkt (des Horoskops), der ungeschützten, empfindlichsten Stelle (Intimbereich), brechen alle Idealbilder, zerbrechen die Träume, schießen alle Arten von Feindschaften, von Hinterlist und Tücke wie Pilze aus dem Boden. Die Außenwelt schließt zu, drückt in einen finsteren Kerker, wo aller Glanz erlischt, bis nichts bleibt als die nackte Haut. Erst wenn die Angst als einziger Verbündeter weicht, wird langsam der gewonnene Raum an Freiheit sichtbar, der sich vor einem öffnet. Ein Glück, ein Lichtstrahl steht bereit, als hätte er schon immer gewartet.
Alles geschah mit der Hintergrundidee, esoterischer Herrscher ebenfalls Mars:

Aktiv am Ende siegreich, mit dem Orden einer ganz tief liegenden Wahrheit die Wissensleiter (Wirbelsäule) heraufzusteigen, mit einem Reichtum an gefundenem Sinn, der keine Bestätigung anderer mehr braucht.

Einbezogen ist dadurch das gegenüberliegende Zeichen Stier. Nach Durchdringen der materiellen Welt öffnet sich das Dritte Auge, das den hinter allem liegenden geistigen Plan schaut (Stier, mit dem äußeren Herrscher Venus, wird auf einer nächsten Ebene befähigt, geistige Energien [feuerspeiender Drache – Vulkan] verwertend, zuzuordnen).

Das führt weiter zur nächsten Aufgabe

im Zeichen Schütze

Äußerlich sichtbar, exoterischer Herrscher Jupiter:

Aktiv werden ständige, neu auftauchende verlockende Angebote (Lichtstrahle) verfolgt, die die eigene ganz individuelle Persönlichkeit mehr und mehr zum Vorschein kommen lassen. Ein freudiges Sinn bringendes Lernen, das verborgenes Glück (Glut) im Selbst zunehmend freilegt/herausschleudert.

Mit der Hintergrundidee, esoterischer Herrscher Erde:

Passiv zu einer reifen Form heranzuwachsen, befähigt, der Erde mit dem ureigensten Talent zur Verfügung zu stehen.

Einbezogen ist dadurch das gegenüberliegende Zeichen Zwillinge. Der Weg durch kollektive Schulen speist (speiste) einen Wissensspeicher mit Grundsätzlichem (Zwillinge, mit dem äußeren Herrscher Merkur, stellt wieder die Verbindung zu diesem Speicher her. Freudig oder müßig Gelerntes, scheinbar Vergessenes wird unterstützend wieder wach, integriert sich. Ein ehemaliger Schüler mit Allgemeinwissen reift nun selbst zu einem Lehrer mit einem/ seinem Spezialgebiet).

Das führt weiter zur nächsten Aufgabe

im Zeichen Steinbock
Äußerlich sichtbar, exoterischer Herrscher Saturn:
Passiv, im Hintergrund die Übersicht behaltend, um das Gelernte im besten Sinne auf andere zu übertragen.
Mit der Hintergrundidee, esoterischer Herrscher ebenfalls Saturn:
Aktiv einen eigenen Beitrag zu leisten für die kommende Zeit, indem das vollendete Wissen einen Speicherplatz findet, sich eingekapselt in jungen Menschen, wie in einer Art Samenhülle, die jederzeit neu ausgesät werden kann.
Einbezogen ist dadurch das gegenüberliegende Zeichen Krebs. Abhängiges Verweilen im Nest, Zügel in der Hand ohne die notwendige Erfahrung, ungestümes Anspruchsdenken wäre ohne die Bereitschaft, sich zunächst auf unteren Sprossen zu bewähren, zum Scheitern verurteilt. Ziel ist aber, diese kommenden jungen Leben zu sichern (Krebs, mit dem äußeren Herrscher Mond, trägt in sich den Auftrag eines Kindes an „seine" Welt, ausgerüstet zu werden mit dem derzeitigen Wissensstand, weil es nur dadurch gerüstet ist, für die Zukunft).
Das führt weiter zur nächsten Aufgabe

im Zeichen Wassermann
Äußerlich sichtbar, exoterische Herrscher Saturn und Uranus:
Aktiv die Brücke zu bauen zwischen dem angenommenen, integrierten derzeitigen (Wissens-)Stand und unausweichlichen Forderungen der Zukunft.
Mit der Hintergrundidee, esoterischer Herrscher Jupiter:
Passiv sich nach erreichtem Ziel, mit allen Sinnen, dem Brückenbau anderer (kommender Generationen) zu öffnen.
Einbezogen ist dadurch das gegenüberliegende Zeichen Löwe. Der gereifte Wassermann bringt den Respekt hinzu vor dem „eigenen Königreich", dem Willen, jedes Nächsten (Löwe dagegen mit dem äußeren Herrscher Sonne, strebt auf Erden an, sein eigenes Licht über alle Seinen erstrahlen zu

lassen, Gott gleich, ein König zu werden, von dieser Welt, innerhalb seiner Welt).

Das führt weiter zur nächsten Aufgabe

im Zeichen Fische
Äußerlich sichtbar, exoterische Herrscher Jupiter und Neptun:
Passiv sich in hellwacher Klarheit angstfrei dem kommenden ewig Fließenden öffnen, in der Gewissheit, dass alle Vorbereitungen getroffen sind. Sich den Flügeln anvertrauen, auf denen Vergangenheit, Gegenwart und Zukunft sich zu einem einzigen Strom des behüteten Seins vereinen.

Mit der Hintergrundidee, esoterischer Herrscher Pluto:
Aktiv auf den Plan gerufen zu werden, erweckt aus den Träumen eines geschützten Paradieses. Wohl vorbereitet auszuharren, um mit aufbrechender Samenkapsel, unter neuen Startbedingungen, wieder als einmaliges Licht in eine andere Welt geschickt zu werden.

Einbezogen ist dadurch das gegenüberliegende Zeichen Jungfrau. In Freude zum Einsatz bereit, ist sie im Erspüren des Ursprünglichen prädestiniert zum Einsatz in den realen Erscheinungsformen der Erde (Jungfrau, mit dem äußeren Herrscher Merkur, ist befähigt, Verbindungen zwischen vorhandenen Größen [Göttern] erneut herzustellen. Jungfrau mit dem inneren Herrscher Mond, ist in ihrem reinen inneren Kind, Willens bzw. darauf ausgerichtet, das ihm selbst innewohnende Gute, draußen in der Welt zu entdecken).

Das führt weiter zur nächsten Aufgabe im Zeichen Widder …

Die kommende Zeitqualität

Obiger Durchlauf führt in qualitativ umgekehrter Reihenfolge (rückwärts) durch die großen Zeitalter (mehr dazu siehe zu Vorrückung der Erdachse S. 113). Auf dieser Reise löste, wie bereits erwähnt, das von Männern dominierte Patriarchat matriarchale Strukturen ab. Was bringt nun das kommende Wassermannzeitalter?

Wassermann steht für reife, weise, in unserer Interpretation für ältere Menschen, „die Ältesten". Den Spannungsausgleich zu diesem Zeichen hält (verborgen) in der Opposition dazu, das Zeichen Löwe, mit dem zugeordneten Bereich sich erst noch Erprobender, junger Menschen, Kinder.

Wo ist nun das Verbindende, Ausgleichende, was bringt die sich drehende, beide Bereiche speisende Achse hervor? Die nährende Mitte mündet hin zur Seite des Zeichens Löwe zunehmend in einer Ich-Konzentrierung, während die Wassermann Qualität in einer Du-Orientierung auf neue Strukturen drängt, die in einer besseren (Um-) Welt allen gerechter werden sollen. Deutlicher Vorbote des kommenden Wassermannzeitalters ist z. B. die zunehmende Verwirklichung der Gleichstellung von Mann und Frau. Eine erreichte Gleichstellung kommt schließlich der Gleichheit, der Neutralstellung (Neutrum) von Kindern gleich. Wie Hänsel und Gretel, von ihren Eltern im Stich gelassen, machen diese sich, aufeinander angewiesen, gemeinsam auf die Reise in eine unbekannte Welt, um sich an höheren Gewalten, neuen Herausforderungen, ausrichtend zu messen und zu erproben. Dort, wo keiner mehr sagt oder weiß, wo es lang geht, wo eine neue Führung erfahren, Eltern, erst wieder gefunden werden müssen. Das alte Sprichwort „Alte Leute sind wie kleine Kinder" lässt umformuliert einen tieferen Sinn erkennen: Gereifte Menschen sind oder suchen beim Einstieg auf der nun vorgefundenen neuen Ebene, als nunmehr an diesem Übergang Anfänger, wie kleine Kinder.

Ständiger Spannungsausgleich, Liebe, der Weg Richtung Leben

Jede Einseitigkeit in der Polarität zieht weg von der (verbindenden) Mitte. Das Vernachlässigte schrumpft, wird klein, verdichtet, konzentriert sich zum keimfähigen Ei. Das Gegenstück, das Befruchtete, bläht sich auf, vereinnahmt mit der Zeit den Raum, um irgendwann das Gereifte wieder abzustoßen, hinauszupressen.

Das Kleine, Unbefruchtete, Unschuldige, (in der Reihe) Wartende zieht sich dabei gleichlaufend Freigesetztes wie Nahrung an. Mit dem Schlüssel zur Liebe holt es, sich verliebend, Vergängliches in einen neuen Raum, saugt es, alles verjüngend, durch die ewig Leben gebärende, alles verbindende Mitte. Die große Kunst ist es, in aller zu Tage kommenden Unvollkommenheit, mit offenen Sinnen, mit immer wieder offenem Herzen den der richtenden Mitte zuführenden Strom, der sich der Liebe hingibt, zu finden. Im Argen liegend, als noch unsichtbares Königskind einer dagegen steuernden, haltenden, „anderen" Welt, rein herausstrahlend, drängt dieses, seinem Licht, seinem Stern (der kommenden Zeit) zu folgen. Die Liebe macht so gesehen unabdingbar ihr Ja zum Leben verständlich bei der Suche nach Erlösung, Auflösung von entstandenem Leid. Der bekannte Satz „Was ihr dem Geringsten tut, das habt ihr mir getan" könnte genau das Geschilderte anmahnen. Selbst beim Tod bleibt uns deshalb eine Tür zum Leben. Mit Hilfe der Liebe, wieder klein, zum Kind werdend, gelangen wir durch die Mitte, die Quelle ewigen Lebens.

Zeitalter, Zeiteinheiten, Zeitbogen

Zeitabschnitte, die in sich ein eigenes (Unter-)Thema um-
spannen, sind vergleichbar mit einem Regenbogen, der sich
scheinbar aus dem Nichts aufbaut, zunehmend Form und
Farbe verstärkt, bis diese (in ihrer Dringlichkeit) wieder ab-
klingen, um sich schließlich im Nichts aufzulösen. Artgleich
erwacht ein (solcher Form- und Farb-)Impuls als Gedanke.
Im Einklang mit „seiner Stunde" nimmt die geistige Idee ihren Höhenflug, codiert, begattet alles mit ihrem Samen, verändert alles in ein ihr innewohnendes Strukturbild, um
schließlich (sich zurückziehend) dem neuen Stärkeren (Leit-
tier) weichend, zurückzustecken, bis zum verursachenden
Grund, den Grundmauern, den überdauernden Grundwer-
ten, den ewig geltenden Geboten.
Bei einem neuen Übergang wechselt eine weitertreibende
Kraft, ein Licht gleich der Sonne, in einen neuen Himmels-,
Zeit- oder Körperabschnitt bzw. sieht man alles als vollständige unabhängige Einheiten, dann in eine neue Zeit, einen
neuen Körper.
Die Gedanken bestücken, bewerten, ordnen so unsere materiellen Strukturen neu, füllen sie aus ihrem Bedürfnisglied einer Kette heraus, mit ihrem Geist. Entsprechende Auswirkungen zeigen sich schließlich auch in wieder verjüngendem
(Blut), auffrischendem körperlichem Befinden, einer frischen
Formenwelt. Bis sich schließlich gegen Ende eines Zeitbogens
zunehmende Schwäche eines Körpers breit macht bzw. sich
jetzt erst (auch) die Schwächen dieses Systems deutlicher,
zunehmend belastend, zeigen. Die Notreserven anzapfend,
weckt der Körper bzw. diese nun selbstverständlich gewordene Form (alter Hut), auf ihre Weise schlafende Geister, be-
reitet dem anstehenden nächsten Zeitplan den Weg. Altes
tritt überholt zurück, dringt (von Unwissenden als Fehlent-
wicklung entlarvt) wieder zurück in die (eigene) Vorstel-

lungswelt der Gedanken, das Gedankengut, das Ei, wo es einst als erster Impuls entstand. Der Formlosigkeit übergebend löst sich einstmalige Wichtigkeit als nun behindernde Blockade aus dem Körper, um neuen Einflüssen, neuem Einfließen, Platz zu machen.

Da manche Zeiteinheiten weit über das eigene Leben zurückreichen, wird es vorstellbar, dass Generationen übergreifend anhaltende, alte, inzwischen (seelisch) schmerzhafte Bindungen, auch aus tiefen unbewussten Schichten nach Aufmerksamkeit rufen. Dabei kann man sich als Person, mit dem in sich gespeicherten Code einer ganzen Dynastie oder Seelenverwandtschaft, ebenfalls sowohl als eine vollständige unabhängige Einheit sehen oder durch die Stufen der (Gebär-)Mütter und Väter zurückgehen und sich mit diesen eins, sich als einen Teil von ihnen erkennen. Obwohl man mit Vorfahren (ggf. gespiegelt in Freunden, Gleichgesinnten) dadurch zu einer Einheit verschmilzt, bleiben die Einzelnen doch auch eins in sich selbst. Getrennt, und doch zusammen, sind wir so als Menschheit gesehen, gleich der vielen Sterne über uns, an dem einen Himmelszelt.

Kreislauf (Lichtband) eines zur Erde gespiegelten Sterns
Kreislauf der Liebenden durch Fühler / Peilantennen

Indem nun also Altes, Hemmendes wieder zurückgeführt wird ins Gedächtnis, um sich schließlich aufzulösen, geschieht es aus geistiger Sicht, dass spirituelles (geistiges) Feuer den Körper reinigt, die Form verklärt. Im Ablauf umgekehrt gibt im Körper festsitzender Schmerz (uns) beim Loslassen sein Geheimnis preis und macht damit dem Feuer des Lebens Platz. Zwei gegenläufige Ströme gebären im gegenseitigen Durchdringen in ihrer Mitte das Neue.
Körperliches Martyrium entsteht so auch aus der Identifizierung mit einer Idee. Indem wir diese Nabelschnur wieder trennen, das den Energiefluss abbremsende, dadurch Angst erzeugende, loslassen, kann Ideelles wieder da seinen Platz finden und ausgetragen werden, wo es Zuhause ist, im geistigen, im spirituellen Bereich. Die eigene Person herausnehmend, wird es wieder zum

188

Maß der Schöpfung selbst, für Sterbliche reduziert zu gewalt-
freien Ritualen, zu symbolischen Handlungen. Klärende Erkenntnis gewinnt der suchende Geist dabei durch Erspüren des
Körpers, durch Wahrnehmungen über die Sinne. Im Grund
tragen wir jedoch dieses Wissen ganz selbstverständlich in uns
und wenden es an, obwohl uns die Bedeutung und deshalb unser Glaube daran verloren gegangen sind. Sei nur stellvertretend die einfache Geste genannt, wo die Mutter ihrem Kind die
Hand auflegt, und sein Schmerz wird gelindert.

Liebe und Sexualität

Aus anderer Sicht entsteht ein Orgasmus (bei lieblosem Sex)
unter Druck (Leid?), der nach außen presst. Der Druck, eine
Leidenschaft, spürt chemische (Venus) Verbindungen (Merkur) auf, die diesen inneren Kern druckauflösend spalten, die
eine Öffnung unterstützen, um eine innere Befreiung (der
Kernenergie) herbeizuführen, um zu heben auf eine weitere
(emanzipierte, selbstverantwortliche) Ebene. Es, das uns
nicht zugängliche archaische, verkapselte Muster, schlängelt
(verführend) und „hängt" sich aus diesem Grunde an eine
Person, die diesen Charakterzug, diesen Fundus unseres (un-
gewollten) Drucks (Leids) (versteckt) in ihrem Innersten,
hinter einer Maske, verkörpert. Es hat einen Weg gefunden,
sich zu leben, auszuleben, und erhält noch eine Bestätigung
durch erlebte Zuneigung. Dadurch wird das endlich Geborene auch weiter genährt. Eine noch blinde Liebe. Dennoch
muss aus dieser Sicht ein Mensch sich mindestens einmal für
die Liebe geöffnet haben. Muster springen über auf ggf. gezeugte Nachkommen. Ein Thema bleibt bis zu einer Problem-
lösung, Auflösung des Musters, auch in den Folgegeneratio-
nen. Ein Davonlaufen garantiert, dass es sich durch die
Hintertür, das Unbewusste, wieder anbindet. Das lebende

Energiemuster im menschlichen Körper sucht sich seinen Weg, lässt den Körper mitwachsen, brennt ihm seine Spuren ein, bis ihm die Nahrung selbstbewusst, durch Erkenntnis von (eigener) Lieblosigkeit, Selbsterkenntnis, durch echte Liebe (zu einer geliebten Person) entzogen werden kann. Damit der Mensch durch sein sich auflösendes Muster nicht sterben muss, hilft ihm diese Liebe gleichzeitig, sein Muster nun nur noch menschlich, zum Wohle mindestens eines anderen Menschen, und nicht zuletzt für sich selbst, weiter zu erhalten.

Gereifte sich hingebende Menschen, Prostituierte, die selbst ihr (Familien-)Muster zurücklassen konnten, sind in diesem Sinne in bestem Sinne, dienstleistend an der Menschheit, (vergleichbar) auf welchem Gebiet auch immer. Durch die Vereinigung, das sich aufeinander Einlassen, ein neues, fremdes Muster auf sich nehmend, angefangen mit dem ersten „Feigenblatt" das die Blöße, die Leere (den einst musterlosen Raum) bedeckt, befleckt beginnt häufig ein noch spottgesäumter leidgeprägter Weg, bis dieses fremde Muster (auch) wieder, vielleicht auch erst in einer späteren Generation, so durchschaut werden kann, dass es tief verstanden in echter demütiger Verneigung und damit wieder an den ersten Augenblick, die erste Liebe gebunden, alle und alles wieder verbindend, aufgelöst werden kann.

Am reinsten, am edelsten in der Liebesarbeit am Menschen tätig, kam mit dem Beginn, der Geburt, des musterauflösenden Zeitalters Fische, ein Mensch Namens Jesus, als Erster frei von Mustern, unbefleckt also, auf die Welt, den Menschen zum (neuen) Vorbild. Astronomisch hieße das möglicherweise, dass alle „unsere" Planeten in einer Reihe am Himmel standen und deshalb kein Muster, kein Aspektbild, in den Kreis warfen, mit anderen Worten kein Horoskopbild erzeugten. Das würde die Aussage unterstreichen, dass man sich von Gott kein Bild machen dürfe.

Die Fastnacht, in die Zeit des Tierkreises Wassermann fallend, entlarvt (Larve, Verpuppung) nach Konfettiorgien (Orgasmen) und Luft-Schlangenwürfen (Umgarnungen, Verführungen, Einspinnungen) die wahre Identität hinter der Form, unter der gewählten Verkleidung. Ein Phänomen, das sich im sich einläutenden Wassermannzeitalter bereits unter Beweis stellt, indem es bisher undenkbare Einblicke in intimste Bereiche freigibt, Mauern bricht, Verdunklungen auffliegen lässt. Das kleine Ich betroffener Menschen gerät in einen Reinigungsprozess, erhält die Möglichkeit zur Transformation.

Selbstreinigung von (übernommenen) Mustern oder der Aufstieg gen Himmel

Kleine lebensbejahende unterstützende Übung:
Immer wenn der Strudel des alten Musters (durch entsprechendes belastendes Verhalten eines oder mehrerer Mitmenschen) ins eigene Gedächtnis steigt, den eigenen Kopf zermartert, den Boden unter den Füßen (Füße entsprechen dem Formen auflösenden Zeichen Fische) wegzuziehen droht, alles sich wieder von unten her im Kreis zu drehen beginnt, kann nach Vorbild (Aufstieg gen Himmel nach der Kreuzigung = erneutes Aufstehen nach der Niederlage) folgende Übung unterstützend helfen:
Stellen Sie sich ein Gerüst vor, das vom Himmel herabhängt. Die göttliche Ebene hält diesen Sitz, die alles Neue enthaltende Leere. Alle vorstellbaren neuen Wunschmöglichkeiten haben dort Platz. Zunächst gilt es jedoch, das alte Muster aufzulösen, um uns für dieses All an Möglichkeiten zu leeren.
Stellen Sie sich weiter vor, immer wenn Sie das alte Muster wieder zu überfluten droht, der Sog Sie wieder versucht herunterzuziehen, Sie halten sich an diesem Gerüst fest und ziehen die Füße von Boden hoch.

Stellen Sie sich weiter vor, wie der Sog unten auf dem Boden immer schneller kreist, bis er sich schließlich leer läuft, weil dieser „Raubfisch" keine Nahrung mehr an der Oberfläche findet. Dem alten (archetypischen) Muster wird so immer wieder die Kraft entzogen, bis es schließlich hinabtaucht in die Urtiefen, sich einnistet, einnestet, um dort, vielleicht in einem „(halben) Ewigkeitsrund" von Jahren, auf „seinen" neuen Frühling zu warten. Um dahin zu kommen, erhält es mit dieser Übung sogar Unterstützung, indem es diesen Weg nach unten schließlich klar einschlägt.

Stellen Sie sich weiter vor, sobald sich der Boden unter Ihren Füßen beruhigt, die Unruhe der „Wasser" abflacht, dass Sie ihre Füße wieder bewusst auf den fester werdenden Boden stellen, um seine ruhigen Kräfte erneut aufzunehmen, die nun wieder tragen.

Machtzentren, Führer, Gurus
oder Starke Archetypen, Wurzelträger,
Befruchtungsträger

Dreht man einen auf einem Tisch liegenden Kompass wie einen in 12 Stücke geteilten Kuchen im Kreis, läuft der richtungweisende Zeiger, wie die Sonne subjektiv um die Erde, durch die aufgezeigten 12 Felder. Obwohl der angezeigte Pol immer in der gleichen Richtung (Norden) liegt, führt doch der Weg aus der Mitte des Kompasses, durch die Drehung, immer weiter durch ein anderes Kuchenstück. In diesem Sinne gibt es kleine anzeigende Uhren wie auch ganz große. Sekundenzeiger, Minutenzeiger, Stundenzeiger. Nach dem gleichen Prinzip funktionieren also auch etwa Jahreszeiger wie auch Zeitalterzeiger. Der das Vorwärts, die Orientierung, anzeigenden Nadelspitze liegt auf gleicher Achse gegenüber also der (gegangene) Weg zurück, der „absteigende Ast". Ziel ist also ein ständiges Neuwerden, vergleichbar mit einem neuen in gefrorenem Boden sich sammelnden Sameninneren. Hat erst die Hochzeit des Sommers ihrer äußerste Kraft in die Früchte gesteckt, beginnt ja mit höchster Reife der Weg abwärts (vergleichbar werden die Nächte wieder länger). So gesehen bringt der Norden frische Haut, während der Süden sie im Hochgenuss bereits welken lässt.

Weist die Zeitalternadelspitze nun also durch das Feld Wassermann, neigt sich die Hochblüte der gegenüberliegenden Seite Löwe ihrem Niedergang entgegen. Einst die Menschheit voranbringende Qualitäten durch die im Menschen angelegte göttliche Macht des Löweprinzips, solche angestrebten Ideale, dereinst benötigte Idealzustände, nun einem Faulungsprozess unterworfen, unguten zerstörenden Zwecken zugeführt, rufen nach dem Korrekturschlüssel, mahnen zur Umkehr.

Der Archetyp Löwe, ein zugrunde liegendes Triebbild, ein Instinktbild eines Macht suchenden Führers, soll zum Verständnis für diesen anstehenden Niedergang, in Bildern gesucht werden. (Angemerkt sei wachrufend in diesem Zusammenhang, dass sich auch die Länder des Erdenrunds, derart jeweils einem Kuchenstück, einem Tierkreiszeichen, Aufstieg und Niedergang, zuordnen lassen):

Das Löweprinzip, ein solcher Eroberertypus „bespringt", um seine Macht zu vergrößern vom Urbild her, (zwanghaft) jede „Braut" (oder Entsprechung), die ihm diese Befriedigung signalisiert oder zwingt sie, ein Feindbild aufbauend (den Hebel umlegend, den Spieß umdrehend) mit seinen Signalen zur „Prostitution", zur Unterwerfung. Das funktioniert bei einem Menschen, lässt man diesen Trieben freien Lauf, dann im übertragenen Sinne, sowohl in privaten engen Bereichen bis hin zu weltweiten Projekten. Dazu verfügt ein solcher Machtmensch, der auch wieder (machtpolitisch) bewusst eingesetzt, benutzt werden kann, je mehr er diesen Archetypen verkörpert, umso erfolgversprechender, über das Potential einer überwältigenden „Trickkiste", andere zu überzeugen. Denn auf dieser archetypischen Ebene können zur Selbstbestätigung, zur Selbstbefriedigung eines solchen „Urtieres" (Un-Tier? Un-Mensch?) zunächst alle überlistet werden, gegen den eigenen Willen, mit der entsprechenden „Droge". Archaische Bilder sind z. B. Eindruck machen durch Aufplustern, irritieren durch Totstellreflexe. Andere werden den eigenen Bedürfnissen und Vorstellungen, den eigenen Zwängen, Ketten, Bedingungen unterworfen, indem ihnen der aktive, selbst bestimmende Part entzogen wird. Entsprechende ausgestoßene „Duftstoffe", Körperstoffe, Gebärden, Worte, Informationen, vorhandene Fähigkeiten, Strategien also, tun ihre Wirkung bei ausgesuchten Opfern. Bricht ein begehrtes besonders in sich gefestigtes Opfer, ein Mensch, dieser vereinnahmenden Macht, diesem Unterwerfungsdruck, immer wieder aus, schafft es ein solcher machtbesetzter Archetyp, mit allen Wassern gewaschen ein Feindbild aufbauend (x), das Umfeld dieses Objekts der Begierde, indem er dessen nächste Bezugspersonen durch seine ausgesendeten Informationen impft, mit einzusetzen (Trojanisches Pferd), gegen selbst deren eigenes Nest. Immer mehr diesem sich selbst aufgebenden Zwang ausgeliefert bringt das Menschen schließlich sogar dazu, sich dem „Täter" zwanghaft anzubieten (Selbstbestrafung, Selbsttötung, lebende Munition, Biowaffen), weil der eigene Ich-Kern (aus Liebestäuschung) immer mehr diesem Fremdbild als höchstem Ziel weicht.

(x) Mit allen Wassern gewaschene Machtmenschen des Löwearchetypen bauen notfalls, um ihr Ziel zu erreichen, ein (wieder Feuer, Freude entfachendes) Feindbild auf. Diese „Wasser" sind dem in Opposition, am anderen Pol liegenden Zeichen, Wassermann, entzogen, dem in diesem Fall vorgetäuschten aufsteigenden Ast, denn zugrunde liegen die destruktiven Energien, dem Pol, dem Kult, der Kultur der (zur Zeit) Sterbenden, Toten, dem Pol, der eigentlich den Pomp fordert und nicht die Seele und zwangsläufig auch nicht das sterbliche Leben. Die Geister, Gespinste, dieses absteigenden Pols entwachsen, ziehen wie bereitliegende (muffige) Wasser herauf, aus den Wurzeln, den instinktiven Trieben einer machthungrigen, „besessenen" Wunschnatur. Sie können jederzeit, heraufbeschworen, im „Reich der zur Zeit Lebenden (Positiven)", negativ (die Regeln umgedreht) zum Einsatz gebracht werden. Doppelleben werden mit diesem „Hintergrund" erklärbar, möglicherweise auch entstanden durch mangelnde Entscheidungsfähigkeit, bei seelisch nicht zu bewältigenden Gewalt-Liebe-Erlebnissen (in der Kindheit), demzufolge auch Handlungen im Affekt unter extremem, Leben bedrohenden Druck.

Unsichtbare Kräfte, die so genannte „Irre" in diesen Zusammenhängen wahrnehmen, erhalten hier ihre Bestätigung, zeigen Berechtigung. Im Glauben, in der Liebe bleibend, (zwischen Tod und Leben) richtig sinnenhaft erfasst (durch z. B. genaueres Hinhören, genaueres Hinsehen), stößt man an die existierende Ursache, den vorhandenen Ur-Grund, den Grund des sich ihrer selbst nicht mehr mächtigen.

In (fremden) Bann bringende charismatische Führungspersönlichkeiten, alles, was einmal von diesen erfasst wurde, von ihren archaischen Bodenwurzeln, an Informationen, Bildern, Begegnungen, ordnet sich in deren „Terminkalender" automatisch ein. Vodoo-Kräfte werden hier verständlich.

Wo stehen wir, wohin gehen wir?
Eine Sinfonie des (ganzen Ton-) Spektrums

Solche ungebändigten Energien können jedoch in kommender Zeit aufgedeckt werden, um sie an soziale Zusatzinformationen zu koppeln. Diese entstehende Mischung entspricht dem kommenden Archetypen (Wassermann), der nach einem „(halben) Ewigkeitsrund" von Jahren, neu geworden, aus den sich öffnenden kollektiven Urwassern (Krebs) zum Laichen auftaucht. Ungesättigte, stark Verbindung suchende (Merkur), im Verlorenen (Fische) neue Wahrheiten suchende (Schütze) Menschen sind durch ihre liebende Hingabebereitschaft (Fische), analog der Qualität des ausklingenden Zeitalters Fische, die befruchtungsfähigen Auserwählten, die einem solchen verschlossenen, geschützten (Steinbock), keimfähigen Ei (Mond) die optimalen Reifebedingungen, in spezieller Keimerde (Widder), garantieren. Die durch den neuen Archetypen, den (aus der Bodenspalte der Meere?) auftauchenden „Riesenwal", gereinigten, ausgesprühten Urwasser, des Wassermanns ausgegossene Wasser des ewigen Lebens, umspülen, baden, Auserwählte in einem reinen Fruchtwasser des neuen Geistes. So eingesetzt, in Leben umgesetzt, können diese Keimzellen (Mond), weitsichtig neue Realitäten schaffen (Jupiter). Den eigenen offenen unverbrauchten (Umwelt-)Boden in der Welt gefunden (Widder), also einen Boden für Pioniere (Informations- und Verlagswesen?) der für ständige Weitergabe erhaltener Informationen sorgt (Zwillinge), können also diese Errungenschaften weiteren Anwärtern (Jüngern), für eine gewisse Zeit, als weiterführende Ersatzelternschaft dienen. Ein derart angenehmes Leben, durch „gegenseitiges Füttern", macht sich eine bekannte Geschichte um das Leben im Himmel zum Inhalt. Vorbildcharakter dafür haben eigentlich die Religionen, auf die die Menschen immer wieder zurückgekommen sind. Mehr oder weniger aber auch, als willkommenes Mittel zum Zweck, entfremdet, gesellten, öffneten sich neben den oft missbrauchten Institutionen auch wieder Zugangswege anderer Art zu diesen Urweisheiten. In Formen, in Systeme, in Kreise gelegte, verbundene Symbolketten, derart aufgeschriebenes Urwissen unter Zuhilfenahme von aus der Natur kopierten Techniken, Bildsprachen, finden zurück in die Sinne der Menschen. Von Unstimmigkeiten ihrer Umwelt schmerzhaft irritiert (Venus, Prinzessin auf der Erbse) – aber behütet von der Urmutter (Uranus, Großmutterbild) der Göttin der Erde, die den irdischen Schoß (Krebs), das Tor zum Garten Eden mit seinem Samen streng bewachen lässt (Saturn) –, haben sich neue Befruchtungsträger aus drohendem (Wissens-)Verfall herausgebildet, sind als Pioniere in eine Welt geboren, die es aber auch erlaubte, sich ungeprägt vertraut zu machen, mit den in der Luft liegenden richtungweisenden Informationsketten innerhalb einer gefundenen geordneten Symbolvielfalt. Als unbeugsame, oft unliebsame oder verfolgte Querdenker tragen solche verkannten Menschen das edle Motiv der Liebe in sich. Oft selbst nichts (mehr) ahnend sind sie mit dem Auftrag ins Leben getreten, nicht um „Böses" zu vernichten, sondern um es zu wandeln. Das ermöglicht unter den Menschen eine Gleichstellung.

> Keiner muss mehr Verlierer sein,
> jeder kann gewinnen,
> jeder kann seinen Platz finden,
> denn jedes Puzzle-Teil
> gibt es nur einmal.

Höchstes Gut für ein solches Gelingen ist das ausgleichende Gerechtigkeit suchende (Waage) Festhalten (Saturn, Mutterbild), an den Kräften (Mars, Animus, Bild des männlichen Partner, Sohnes, Bruders) der alles verbindenden Liebe (Neptun) auch dann, wenn alles dagegen spricht. Auch noch dann, wenn die Umwelt diesem eingeschlagenen neuen eigenen Weg, einem eigenen erhellenden Denken, das nichts anderes verstehend in der Liebe bleibt (Sonne, Vaterbild), die Tragfähigkeit in dieser Welt abspricht (12. Haus, entspricht der formenauflösenden Fischequalität bzw. geistigen Hintergründen). Denn der so geschliffene gottgewollte Kern (Pluto) in einem Menschen, lässt Wandlung (Skorpion) der alten Machtstrukturen (Löwe) zu.

Durch Begriffe wie „Gotteskrieger", „Rosenkrieg" usw. sind zunächst noch nicht gebändigte Zerrformen des noch unklaren Angestrebten erkennbar. Meint nun jemand überheblich, über solchen Dingen zu stehen, könnte das den relativierenden Satz nach sich ziehen: Wer sich ein Leben lang frei von solchen mächtigen Energien weiß, der werfe den ersten Stein.

Ein solcher Punkt der Besinnung auf sich selbst, innerhalb der nach außen kreisenden Gedanken, der Punkt im Kreis, kann, sich verkehrend, zum Anfang vom Ende des Leids erwachsen (Yin-Yang). Denn obwohl, obwohl Feindbilder aufgebaut werden, an anderen Menschen, über den anderen sich sein anstehendes Recht verschaffenden Pol, wird mithilfe dieser Menschen gerade auch die Spaltung, die Trennung, die Polarisierung, der Schritt aus dem Paradies möglich und vollzogen. Und erst durch diese Trennung kann die Integration, der Weg in ein neues Paradies, wieder (einander) suchend gegangen werden. Das Feindbild kann wieder zum Freund werden, die Liebe kann neu funkend die Dynastien verbinden.

Ich lerne zu verstehen, also lebe ich.

Wo liegt, wo lag der Sinn?

Ein Lern-, ein Lehrprogramm mit Hilfe unseres individuellen irdischen Körpers ist zu neuer Blüte gereift bzw. dieses immer Vorhandene wurde und wird unserem Geist, unserem Verstehen zugänglich. Jeder befindet sich auf diesem Weg, nur an einer anderen Stelle. Grob unterteilt sitzt dabei ein Mensch im Zug in die Ferne, in die Freiheit, alte Formen zurücklassend, auf der Suche nach (geistiger) Öffnung. Einen anderen rufen die Heimat, die Bindung, irdische Stabilisierung, klare feste Formen. Mehr oder weniger stark offensichtlich können dabei in unserer Welt der Polaritäten immer beide Absichten in einer Person zum Zuge kommen. Der Wegweiser, der dabei zunächst hinausführt, um äußere Wichtigkeiten zu erfassen, führt mit dem gesammelten Gewinn schließlich zurück, um ihn in die Seelenscheune einzufahren, trägt schließlich der inneren Fülle Rechnung.

Unbewusste (erlebte) Grausamkeiten der Natur, die auch im Menschen, in seiner Evolutionskette verankert und damit an ihn gebunden sind bzw. waren, garantieren, unmenschlich, die Macht und das Recht des Stärkeren und Grausameren. Von diesem ihm auch innewohnenden Bestialischen musste der Mensch durch schmerzhaftes Erkennen eine Vorstellung, ein Bild bekommen, ihm einen Namen geben, um diese Prägungen festen Willens ausschwemmen zu können aus der Entwicklungsstufe Mensch. Erst auf diesem (in Jesus) der Muttererde, der Mutter Erde zurückgegebenen Boden (Körper), kann aus/auf einem dadurch entstehenden unschuldigen Humus, korrigierend ein gewaltfreies liebendes Weltbild prägend Einfluss nehmen, auf den darauf aufbauenden kollektiven Stamm, den Urstamm der Menschen, auf den die göttliche Liebe gebaut, auf den sie sich gepfropft hat. Der Stamm, der wegen seiner inneren Festigkeit und Stärke auserwählt wurde, die Menschen aus dieser Verdammnis zur Grausamkeit zu heben, wurde gefunden im Stamme Judas.

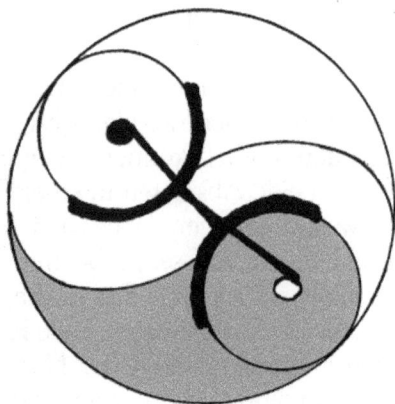

Geschichte
Es war einmal ...
Das ausklingende Zeitalter

Fische-Zeichen – westliche Kultur
Yin-Yang-Zeichen – östliche Kultur

Grundlage Symbolkreis, Lebenskreis

DIE NEUE (KURZ-)GESCHICHTE

Es war einmal ...

Armer Teufel im Himmel

Zwölf den Kinderschuhen entwachsene Menschen, ein jeder in andere Verhältnisse hineingewürfelt, suchten nach Orientierung, denn sie spürten sich am Ende der Welt. Dabei gerieten sie allesamt an einen in ihrer Mitte, der ihre Not erkannte. Als Einziger kannte dieser das große Geheimnis des weiteren Weges. Als Herr über die Pole verstand er es, diese zu vertauschen. Es wurde ihm zur Aufgabe, diese besondere Auswahl von Suchenden in die Lehre zu nehmen. So lehrte er sie die Spielregeln seiner Welt. Der Alchemist lebte es ihnen vor, wie sich in grenzenloser Liebe Böses in Gutes verwandeln lässt, Krankes in Gesundes, Leid in Glück, gar das Sterben in ein Erwachen.

Jeder der Zwölf warb nun um seine Gunst, denn sein Wirken versprach ihnen den Himmel. Wundertaten und große Worte blieben auch Ungläubigen nicht verborgen. „Das Blaue vom Himmel erzählt dieser und macht damit alles rebellisch", ging bald die Kunde durch das ganze Land. Sätze wie: „Da wiegelt einer gefährlich auf, mit den traditionellen Formen zu brechen", wirkten wie Zunder in leerem Stroh. Ängstlich klammerten sich Menschen an der alten Richtung fest, die richtig war, solange sie sich erinnern konnten.

Diese Zwölf aber hielten sich an diesen, der alles anders machen wollte. Rein und einmalig in ihrer Art, fühlten sie sich doch alle eins mit ihm, so als führe ihr Weg schnurstracks durch ihn hindurch. Und weil es allen gleich ging, obwohl sie doch so verschieden waren, fühlten sie sich einander wie Geschwister verbunden. Und sie wähnten sich schließlich glücklich in einer neu gefundenen Familie angekommen.

Eines Tages sagte der gemeinsame Freund: „Ich bin bei euch geblieben, um euch auf den neuen Weg zu bringen. Mein Weg mit euch ist hier zu Ende. Im Grunde geht es mir genau so wie euch. Ich habe mich weit von meinem Stamm entfernt. Jetzt ist es soweit, dass auch ich wieder zurückgehe in mein Reich, dahin, von wo ich gekommen bin. Da, wo ich her bin, sind alle wie ich. Hier unter euch verliere ich mich mehr und mehr. Ich bin hier bald nicht mehr eins mit mir. Ich werde hin- und hergerissen. Ihr würfelt um mich und teilt mich auf unter euch. Unsere Begegnung führt uns alle in die Umkehr. Dabei haben wir uns im Vorübergehen berührt. So wie es aussieht, werde ich der Erste unter uns sein, der den neuen Weg antreten muss, damit der Weg für euch frei wird. Ich sehe keine andere Möglichkeit. Dabei liebe ich euch so sehr, dass es mir schwer fällt, euch zurückzulassen. Einerseits weiß ich nicht, wie ich euch das erklären soll. Andererseits muss euch alleine lassen, um, wie schon gesagt, euren Weg, vorangehend, freizumachen. Kurz und gut: Wenn ihr seht, dass ich es geschafft habe, dann schafft ihr es sicher auch."

„Woher sollen wir denn wissen, ob du es geschafft hast?"

„Aber wenn ich es euch doch sage!"

„Wie sollen wir das denn glauben? Du willst uns doch nur die Wahrheit nicht sagen, damit wir nicht auch verzweifeln. Überall hin konnten wir deinen Ausführungen folgen. Doch das übersteigt unsere Vorstellungsgaben. Wir fühlen uns im Stich gelassen. Du weißt genau, dass du uns damit überforderst."

„Ja, das kann ich verstehen", kam erlösend die Antwort. „Ihr könnt ja das Tor nicht sehen, das meine Welt des Glaubens mit eurer Welt des Unglaubens verbindet. Einen Schritt kann ich euch noch entgegenkommen. Zum Zeichen, dass die Umkehr funktioniert, werde ich mich euch noch einmal zeigen, wenn meine Wandlung vollzogen ist und ich für euch und eure Vorstellungen gestorben bin. Glaubt ihr mir dann? Damit werde ich euch helfen, es mir gleichzutun. Für den Bund, den ich zuvor mit euch schließe, müsst ihr jedoch bereit sein, auch für mich einzustehen. Ihr müsst beweisen, dass ihr meinen Job uneingeschränkt übernehmen könnt. Mindestens einer von euch muss das schaffen, damit die Menschen, vom Tod erlöst, hinübergerettet werden können. Das Band der Liebe, das uns dann weiter halten wird, fordert diesen Preis."

Ein jeder wollte sich nun dem Meister über Himmel und Erde, der zum Vollzug des Bündnisses zurückmusste in den anderen Pol, verpflichten, das Seine zum Gelingen des Bundes beizutragen. Doch die Angst vor dem Scheitern derer, die sich hervortaten, war in der entscheidenden Phase einfach zu groß.

„Was sollen wir nur ohne dich tun?", stimmten sie stattdessen ihr Klagelied an. „Ohne dich ist jeder von uns verloren. Die ganze Menschheit wird sich verlieren. Das bedeutet unser Ende."

„Nein", ertönte die wohltuende Stimme plötzlich wieder in ihrer alten Stärke. „Dann wäre mein Tod umsonst. Es ist nun wieder an mir", erkannte der so Zurückgelassene. Abfallende äußere Kräfte ließen die Kraft aus seiner Mitte, aus der Tiefe wieder zu. „Wie kann ich etwas von euch erwarten, das ich selbst nicht leiste? Ich will glauben und fest auf euch bauen. Werdet einen Augenblick ganz still. Jetzt hört mir aus tiefstem Grunde zu, denn es wird keine weiteren Erklärungen mehr geben. In festem Vertrauen sage ich euch nun: Einer wird unter euch sein, der mich verraten und damit ausliefern wird."

Der letzte Satz fuhr allen wie ein Schock in die Glieder. Sie verstanden nichts mehr und begannen ihre Liebe, deren sie sich so sicher waren, zu hinterfragen, erhielten aber keine Antwort mehr. Stattdessen bereitete ihnen der Unverstandene einen Tisch. „Lasst uns ein letztes Mahl zusammen nehmen. Zum Zeichen unseres Bundes wollen wir unseren heilenden Geist um Hilfe für ein Gelingen bitten. Versammelt euch um mich in einem Kreis. Es steht für uns alles bereit. Ich will euch freimachen von aller Last, von allem Unrat, den ihr mit euch schleppt. Zielverloren habt ihr euch deshalb von mir, wie von einem Magneten anziehen lassen." Dann brach er für sie das Brot und schenkte ihnen ein. „Esst und trinkt immer wieder zu meinem Gedächtnis, wenn euch nach dieser Einheit hungert oder dürstet, damit euch mein Licht aufgehen kann. In meinem Namen gehört ihr zu einem Volk. Doch dieses Volk hat auf der Erde keine feste Bleibe. Wendet euch deshalb nun ab von mir, dicht um mich gestellt. Ein jeder gehe nun in die Richtung, die vor ihm liegt. Ihr werdet verstreut werden in alle Welt und doch in euer Land auf Erden zurückfinden. Seit euren Familien Wegweiser. Verkündet dort, was ihr gelernt habt, damit die Länder sich einig werden können. Sollten euch welche über den Weg laufen, die fanatisch um ihre Wahrheit kämpfen, erinnert euch an eure elf andersartigen Geschwister an meiner Seite. Behaltet mich immer im Rücken, in eurem Hinterkopf, und die Bindung wird halten, selbst wenn sie euch verloren scheint." Und sie ließen ihn alleine.

Da war einer unter ihnen, der zeigte alle Anzeichen, tief fallen zu können: Judas. Er war dem Zeichen Skorpion verwandt. Im Gegensatz zu den anderen war er ganz still geworden. Während die anderen bereits schliefen, nagte in ihm der Gedanke an die zu erfüllende Aufgabe, die an das Gelingen des Bundes geknüpft war. Keiner kümmerte sich darum. Doch er konnte nicht schlafen. Er setzte sich in eine dunkle Ecke und begann über das Furcht erregende Wort „Verrat" zu meditieren. Beim Sinnen um Verrat begann sein Herz immer lauter und wilder zu schlagen. Die Angst trieb ein zur Unerträglichkeit anschwellendes Pochen in seine Schläfen. Dabei versank er gebeutelt tiefer und tiefer in sich. Die Kehle begann sich ihm zuzuschnüren. Den eigenen Tod vor Augen hielt er aller auftauchender widersprechender Logik stand, denn etwas in ihm, das zunehmend an Kraft gewann, entschied sich dagegen. Ganz unten, am Ende angekommen, wähnte er noch, wie brennende Flammen ihn durchfuhren, dann wurde plötzlich alles um ihn ganz still. Das Wort Verrat wandelte sich in seiner Wahrnehmung in reine Liebe. Er war auf der anderen Seite angekommen. Es war ihm gelungen, die Pole zu wechseln. Völlig unverletzt wurde er durchströmt von Liebe und sein Herz weit und glückselig. „Ja", diesen Weg wollte er seinem Meister bereiten. Diesen Dienst konnte er tun. Unvermittelt kam er zurück. Leicht stand er auf, ging durch die Nacht, und handelte.

Und es kam, wie vorher gesagt. Der Himmelkundige hatte als Einziger die Zeichen am Himmel erkannt und richtig gedeutet. Er war also bestimmt, die neue Zeit einzuläuten. Diese Geburtsstunde musste unter allen Umständen mit menschenfreundlichen Absichten unter einen guten Stern gestellt werden. Alles war nun darauf hinausgelaufen, dass sein Leben diesem Plan zum Opfer fallen würde. Trotzdem hoffte er, besonders in der letzten Nacht vor dem großen Ereignis, dass dieser schwere Kelch an ihm vorübergehen würde. Ins Kreuz genommen von menschlicher Angst und Edelmut gaben sich zwei Seiten von ihm, von rechts nach links und wieder zurück, ständig die Klinke in die Hand. Am kritischsten Punkt schließlich wurde die getragene Verantwortung aus seiner Hand, ihn erlösend, entgegengenommen. Seine angebetete Macht der Liebe kam der Seite seines festen Glaubens entgegen, um ihn, der Welt zum Segen, aufzunehmen. Die andere Seite von ihm, die noch zweifelte, konnte er zurücklassen in der Welt des Unglaubens. Die Unterscheidung, die Trennung, wurde durch ihn vollzogen und damit in ihm aufgehoben.

Die ganze Welt war über das, was in dieser Stunde seiner Hingabe vorfiel, erschüttert. Obwohl es schon heller Tag geworden war, verdunkelte sich plötzlich der Himmel. Die bereits dunkel gewordene Seite, unter dem Horizont, wurde sogleich aufgenommen von dem Licht der aufgehenden Sonne. Mit dem Vorrücken der Erdachse war sie hinübergewechselt auf die andere Seite. Ein Naturschauspiel stellte die Uhren anders ein. Eine neue Zeitrechnung begann. Menschen stellten (drehten) sich zunächst zögernd um, gedachten schließlich dem, der in Liebe zu ihnen gekommen war.

Judas, der bereits vor der Zeit das Licht im Dunkel entdeckte, hatte tags darauf 30 Silberlinge in seiner Tasche gefunden. Erschüttert über einen solchen falsch verstandenen Handel brachte er sie zurück und wollte klarstellen: Geld war nicht sein Motiv gewesen. Doch er erntete nur Verachtung. Überall war man erleichtert, einen Sündenbock für nagende Selbstzweifel gefunden zu haben. Da niemand ihn verstand, begann er schließlich an sich selbst zu zweifeln. Und es gingen wohl 2.000 Jahre ins Land. Immer wieder klopfte der eine von Zwölfen bei jemandem an. Ist er dir auch begegnet?

Das verbindende Band, er beginnt es wieder zu spüren. Der Bund hielt über die Zeit. Mögen es auch heute noch viele einen Pakt mit dem Teufel nennen. Das beleuchtende Licht der neuen Zeit eilt dieser dunklen Seite schon entgegen.

Symbol des kommenden Zeitalters

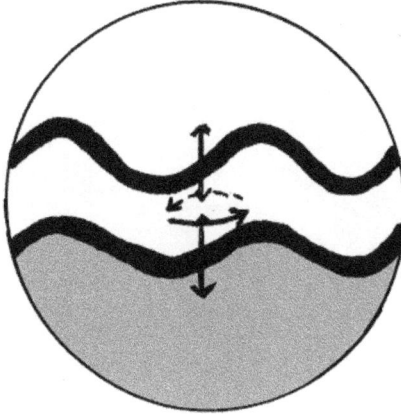

(Eisprung)
(Stabilität aus dem Kreuz)

Unsere Spielwiese auf der Erde
ist eine Scheibe

Diese Scheibe (Erdoberfläche)
bildet die Form einer Kugel (Ei)

Die punktuelle, individuelle Draufsicht,
unsere persönliche Projektionsfläche,
zeigt eine kreisförmige Scheibe

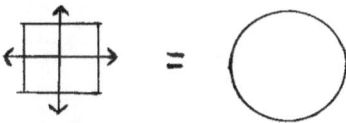

Materie entspricht Geist
  = Wassermannsymbol ≈≈

Epilog

Suche nach dem Traumprinzen

Mir wird klar, ohne euch wäre ich nicht das, was ich bin, was mich ausmacht. Ohne euch würde ich meinen Platz, meine Bestimmung, meinen Wert in dieser Welt niemals finden.

Das ist jedoch auch der beste Grund, warum die anderen meiner bedürfen, warum schließlich niemand aus dem Kreis fallen kann und darf, ohne dass sich andere auf die Suche nach dem Verlorenen begeben müssen.

So schleifen wir uns gegenseitig zu hellen funkelnden Diamanten in einen klarer werdenden Raum, erstrahlen Ahnen-d im Glanz gleich den Sternen am sich ungetrübt öffnenden Firmament.

Soeben habe ich noch geträumt, die Befreiung sei nahe, mein Prinz gefunden. Noch einmal falle ich wohlig in einen Leichtigkeit zurückbringenden Schlaf. Plötzlich kitzelt etwas an meinen Füßen. Schlagartig bin ich wach. Der Funke sprang im Nu über, von den Füßen zum Kopf. Ende und Anfang. Mein Prinz muss es geschafft haben, zu mir vorzudringen, um mich wach zu küssen. Sein für mich sichtbares Lächeln vertieft einen Gedankengang in mir: Er hat es sich einfach erlaubt, im Schlaf meine Füße zu kitzeln.

Brigitte Szabo hat sich neben ihrer kaufmännischen Laufbahn u. a. mit psychologischer Astrologie (API) beschäftigt, mit Psychologie, Traumdeutung, Tarot und Körperarbeit

Folgende Gedichtbände sind noch erschienen:

Wenn ich groß bin, kann ich wachsen
Reflexionen von Wirklichkeiten beim Übergang ins
3. Jahrtausend
ISBN 3-8267-4672-4

Jung werden braucht Reife
In neuem Bewusstsein zurück zum Leben
ISBN 3-8267-5117-5

www.ingramcontent.com/pod-product-compliance
Lightning Source LLC
Chambersburg PA
CBHW022018090426
42739CB00006BA/196